EN LAS GRIETAS DE LA DOMINACIÓN

EN LAS GRIETAS DE LA DOMINACIÓN

Natacha Borgeaud-Garciandía

IRD
Institut de recherche
pour le développement

FLACSO
ARGENTINA

DS
Développement et Sociétés

teseo

Borgeaud-Garciandía, Natacha

En las grietas de la dominación. – 1a ed. – Ciudad Autónoma de Buenos Aires : Teseo, 2014.

144 p. ; 20×13 cm.

Traducido por: Ariel Dilon

ISBN 978-987-723-013-0

1. Sociología. I. Dilon, Ariel, trad. II. Título

CDD 301

_____

Título original: *Dans les failles de la domination*

FLACSO Sede Académica Argentina
Miguel Lengyel
Director

Editorial FLACSO ARGENTINA
Daniela Gutierrez
Directora Editorial

Mariana Valladares
Diseño y maquetación de tapa

Ariel Dilon
Traducción

Agradecemos al *Institut de Recherche pour le Développement de Francia* (IRD), la *Unidad Mixta de Investigación 201* (UMR 201 "Développement et Sociétés", Francia), así como al proyecto de investigación *LATINASSIST* (ANR "Les Suds aujourd'hui" II) por el apoyo financiero brindado a la presente publicación.

info@editorialteseo.com
www.editorialteseo.com

A Stefa e Ignacio

Índice

Quiero agradecer a todos quienes, de cerca o de lejos, me han ofrecido su apoyo en la escritura y la edición de esta pequeña obra. Sirvan también estas pocas líneas para testimoniar mi infinita gratitud —por su confianza, su ayuda indefectible, sus lecturas críticas y su inmensa paciencia— a Christophe Dejours, Bruno Lautier, Helena Garciandía y Humberto Cucchetti. De todo corazón: gracias.

Post scriptum, 2014

Quisiera agradecer a todas aquellas personas que dieron su apoyo a la presente edición: a los evaluadores de la FLACSO que juzgaron oportuno publicar una versión castellana de la obra, a la Dra. Julieta Oddone por su acompañamiento, al grupo de investigación LATINASSIST (ANR-Francia) y al Instituto de Investigaciones sobre el Desarrollo (IRD-Francia) que brindaron un apoyo financiero, al traductor, Ariel Dilon, y a las correctoras, por su trabajo serio, paciente y minucioso, y a todos los que hicieron materialmente posible esta edición.

Un agradecimiento especial a la editora, Daniela Gutierrez, por confiar en el proyecto y sostenerlo hasta el final.

Mi infinita gratitud para las obreras y obreros de las maquilas que me abrieron sus puertas y me confiaron sus historias.

No alcanzan las palabras para darle las gracias a mi familia, mi refugio. A Humberto y nuestros duendecitos Rebecca y Rafael, por el amor y la fuerza que me regalan cada día.

Introducción

Estas páginas están pobladas de personajes, de hombres y mujeres, de los obreros que, mientras trazo estas líneas, desentendidos de las palabras extranjeras y remotas que los cuentan, continúan transitando día tras día el camino de la fábrica. Desde el alba, bajo un cielo todavía tímido, los autobuses tambaleantes se deshacen, unos tras otros, de su cargamento humano. Racimos de obreros y de obreras se forman, convergen, se aglutinan, y finalmente se vuelven un torrente humano que fluye a lo largo de los corredores enrejados hasta el corazón de la zona franca. Allí serán atrapados, tragados por las fábricas y la producción, que los esperan. Recién arrancado de un sueño demasiado corto o de las tareas domésticas y familiares emprendidas mucho antes del amanecer, cada quien lleva consigo, contento, preocupado o indiferente, su pequeña porción de existencia. Estamos en Managua, en la capital de Nicaragua, un país enclavado en el istmo centroamericano. Son las siete de la mañana, y el calor se mezcla con el polvo; no quedan ya del paso de los obreros y las obreras más que papeles y otros deshechos diseminados aquí y allá. Los vendedores ambulantes pliegan sus mesas improvisadas, acomodan sus termos y las tortillas restantes, y también desaparecen. Un silencio insólito se abate sobre la zona que hasta hace pocos minutos estaba tan agitada. Sin embargo, en los talleres superpoblados, durante horas interminables, manos y pies no cesan de moverse, aunque a veces el espíritu se aleje, para abocarse a la incesante producción de jeans y de camisas, de vestidos de noche y de lencería íntima. Hasta el anochecer, solo el ronroneo persistente de las máquinas recordará al transeúnte atento la actividad continua que las rejas y los muros ocultan a su vista.

La presencia de esos personajes está reflejada no en sus trayectorias individuales, tal como se leen en este texto, sino por las inquietudes y reflexiones que sus relatos despertaron en la investigadora extranjera que llegó para escucharlos. La investigación empírica que sirve de punto de apoyo a la discusión fue realizada, en América Central, en un contexto muy particular, donde, por medio del trabajo, se ejerce una dominación que puede ser calificada de extrema y no solamente con respecto a aquello que, a priori, podría resultar más familiar en Francia o en Europa. Por muy alejada que pueda parecer, esta situación invita a la reflexión, por la fuerza de su intensidad evocadora.

Cuando se impone este tipo de dominación, que penetra hasta el más mínimo espacio de la existencia individual, ¿qué significa, para los trabajadores expuestos a ella, construirse subjetivamente? ¿Es factible, en estas condiciones, introducir la pregunta por lo político, pese a la asimetría extrema propia de la relación entre dominación y sujeto dominado? Pensadores e investigadores de las ciencias sociales y humanas se han visto interpelados por el vínculo íntimo que se establece entre la dominación que se impone, cómo se traduce en lo real y los sujetos que se confrontan con su poder. Vasto asunto del que solo retenemos, en la reflexión propuesta, dos aspectos esenciales: ¿cómo se puede hablar en términos de subjetividad y de constitución subjetiva cuando las personas son sometidas a un modo de dominación tan poderoso que parece dotado de la capacidad de anular cualquier autonomía (es decir, neutralizar a uno de los actores de la relación)? A partir del momento en que se reconoce esta producción, ¿cuáles pueden ser las relaciones entre subjetividad y política cuando lo que se estudia está marcado por la idea según la cual no hay otra opción que aquella que se impone? Nos situamos así en el cruce entre la dominación ligada al trabajo, sus exigencias extremas y los sujetos trabajadores.

Estas cuestiones serán abordadas a través de una investigación realizada con obreros y, sobre todo, obreras de fábricas textiles de subcontratación internacional (conocidas bajo el nombre de *maquilas* o *maquiladoras*) sometidos a condiciones de trabajo y de vida particularmente difíciles. El material de la investigación compone un mosaico de voces obreras, cada una de ellas nos transmite sus experiencias, sus percepciones, su memoria de otras épocas, la dependencia con respecto a sus empleos; palabras que al mismo tiempo traicionan el desafío de construir una historia propia a cada paso, en cada intersticio, en cada un espacio. Se trata de relatos obreros en los que, aunque atravesados de representaciones de un presente desprovisto de alternativas, aflora la esperanza de un futuro diferente para sus hijos.

La problemática de la dominación se encuentra desplazada en beneficio de la relación que el sujeto mantiene con ella (relación compleja, ambigua e indisociable de la relación que mantiene consigo mismo, su propia historia y sus condiciones de existencia). La dominación no puede ser analizada sino considerándola junto con el sujeto, dado que ambos se crean en el contacto del uno con el otro, en permanente interacción. Sin embargo, entre dominación y sujeto de la dominación no existe ninguna correspondencia preestablecida. El sujeto no ha sido creado para adaptarse a la dominación: no es posible ninguna comparación con las piezas de encastre perfecto que ofrecieran una reproducción conjunta y armoniosa. En el correr de la investigación, aparece con toda claridad el hecho de que, a pesar de las condiciones de dificultad y precariedad extremas, una parte del sujeto permanece insumisa, aparte de la dominación que lo aplasta. Paradójicamente, sin embargo, ese distanciamiento, aun cuando ayuda al sujeto a preservarse, puede contribuir a reforzar la trama de la dominación. No sería posible retomar, sin una cierta distancia, el abordaje bourdieusiano que resalta la interiorización de la dominación por parte de los sujetos dominados que, desconociendo su propia subordinación, la perpetúan. Resulta muy difícil hablar de desconocimiento o de ignorancia en relación con sujetos que a diario se defienden de las múltiples restricciones impuestas a su existencia y las narran, tanto como proclamar la perfecta lucidez de los actores sociales, lo cual no tendría ningún sentido. Tampoco es posible defender la adhesión de los actores a los principios que fundan y legitiman la dominación. Que los sujetos transijan no significa en absoluto que estén de acuerdo ni adhieran a ella; una aproximación semejante nos coloca frente a la inextricable problemática que nombra lo que se ha dado en llamar, retomando el título de la obra de de La Boétie, *La servidumbre voluntaria*. Si los sujetos no adhieren a las premisas que fundan la dominación, ¿cómo explicar que se mantenga sin debilitarse? ¿Cómo interpretar el desfasaje que se interpone entre la dominación y el relato subjetivo que se hace de ella? Este relato personal ¿preserva la dominación al proteger a los sujetos de sus exigencias? ¿O en cambio es testimonio de una grieta, una falla en la dominación que, sin descanso, la pone a prueba?

Se ha elegido abordar este conjunto de interrogantes a partir de la situación particular del trabajo y de los trabajadores de las maquilas textiles de Nicaragua. Resulta necesario, para ello, describir el terreno sobre el cual se erige la reflexión general de este texto: presentación a la que está consagrada la primera parte. Si bien es en principio básicamente descriptiva, resulta esencial, puesto que contextualiza la situación estudiada y su génesis, poniendo de relieve los elementos que están inscritos en el entorno y, por ende, en el día a día de los trabajadores de la maquila. En esta descripción se han identificado planos diferentes: la historia reciente y las conmociones que sacudieron a Nicaragua; los discursos que han acompañado y legitimado la instalación de las fábricas; las condiciones de trabajo; la inestabilidad del empleo; la pregnancia que, como fruto de una construcción histórica, política e ideológica, adquirió la idea de falta absoluta de alternativas, y finalmente, la organización de la vida privada y de la familia por fuera de la fábrica, pero atenta a sus imprevisibles exigencias. Rastrear los orígenes de formas de empleo asalariado hasta entonces inusitadas, nuevo horizonte para decenas de miles de trabajadores, es al mismo tiempo intentar recuperar el diseño de una arquitectura de una dominación que, desde la incorporación al trabajo, se extiende a la organización de la vida de los trabajadores en su totalidad, vida que a su vez se estructura y se articula en torno a esa dominación. Esta reflexión apunta también a mostrar de qué manera la situación nicaragüense que podría parecer excepcional ofrece herramientas que permiten pensar sobre las realidades habituales en los países del norte. El análisis de una situación particular que es la propuesta de la primera parte sienta la base de los cuestionamientos ulteriores.

En la segunda y tercera parte del libro, se presentan las preguntas principales de la investigación. Retomando la arquitectura de la dominación —descripta en la primera parte—, que parecería tener la capacidad de anular la posibilidad que tienen los sujetos de construir la propia subjetividad, la indagación se acerca a ellos y rescatará los relatos sobre las condiciones de vida y de trabajo. En las narraciones de los sujetos, se podrá ver cómo son capaces de filtrar las coerciones que entorpecen su día a día en la búsqueda de cierta autonomía, de la voluntad de ser sí mismos, aunque sea de manera fragmentaria. Posteriormente y a partir del análisis de las relaciones subjetivas, la situación de vida y de trabajo, se irá delimitando el marco teórico en torno a las ideas de relación del sujeto consigo mismo, de la preservación de sí, de las reivindicaciones de tipo moral, de aquello que opera para que haya juego entre la dominación que se impone al sujeto y su relato acerca de su vivencia subjetiva. El dilema que surge en la investigación podría plantearse del siguiente modo: pese a la situación de presión extrema, el sujeto impone la idea de una cierta autonomía. Y sin embargo, pese al intento de esta toma de distancia, la dominación parecería no resultar alterada por ello. Las relaciones de los sujetos con la dominación son definitivamente algo complejo. Son, es cierto, relaciones ambiguas, hasta el punto de que a menudo resulta difícil, si no imposible, definirlas de manera satisfactoria. En la esperanza de arrojar un poco de luz sobre este problema inextricable, se retoman y discuten en este trabajo diversas categorías teóricas tales como la *servidumbre voluntaria,* la idea de *alienación,* o incluso la posibilidad de repensar los conceptos de *miedo* y *defensas,* que entorpecen gravemente la autonomía y la capacidad deliberativa de los sujetos con respecto a la dominación.

En el análisis del que este trabajo se propone dar cuenta, los mecanismos defensivos de los sujetos, cuya eficacia es indiscutible, no resultan suficientes para colmar esa *grieta* que es la parte insumisa del sujeto frente a la dominación. Resaltando la inquietud que los obreros entrevistados transmitieron en el momento de presentarse y representarse a través de su relato, fue posible establecer que efectivamente buscaban imponer una imagen de sí mismos y un margen de autonomía que, aunque no se tradujesen sistemáticamente a la realidad, jugaban un papel importante con respecto a la problemática que interesa a esta investigación. Partiendo de una óptica tan restrictiva, ¿cuál podrá ser, pues, el lugar de lo político? ¿Qué relaciones mantiene lo político con la incesante producción de los sujetos y de la dominación? A tales cuestiones se consagra la última parte de este libro, en la que se busca inaugurar un campo propicio a reflexiones en relación con la significación política de esta grieta, o de lo insumiso subjetivo que los sujetos oponen a la voluntad de invasión total de la dominación.

Antes de entrar en el meollo del asunto, es preciso realizar algunas observaciones preliminares. La investigación que dio lugar a este texto se desarrolló a lo largo de varios años, en el curso de los cuales se realizaron y analizaron entrevistas a modo de "relatos de vida".[1] Aunque estos sostienen y alimentan las refle-

---

1. Dichos relatos fueron recogidos durante los años 2002 y 2004.

xiones contenidas en este trabajo, las respectivas citas y los análisis no pudieron ser reproducidos *in extenso* por evidentes razones de espacio; el lector interesado podrá recuperar ese material en la tesis que fue el origen de este libro.[2] El análisis de los relatos focaliza en la manera en que los sujetos se construyen a la hora de expresarse sobre su existencia, pero particularmente en las cuestiones que permitan mantener el propósito de la investigación: estudiar la dominación ejercida sobre los sujetos por medio del trabajo y el proceso de incorporación al trabajo; esta es la perspectiva que resulta de mayor provecho al momento de abordar la lectura de este libro. Conviene recordar que todo relato es un objeto complejo hecho de construcciones y de reconstrucciones en los que se unen —como mínimo—, palabra y silencio, memoria y secreto, deseos, fantasías, sufrimiento y amor propio. Con sus excesos y sus faltas, cada relato es materia viviente.

Con respecto a lo que constituye el principio y el fundamento de la investigación, es preciso señalar que para reflexionar a partir de una base empírica sobre la dominación y la sumisión, la servidumbre voluntaria y el consentimiento, la preservación y la producción del sujeto, resulta imprescindible aceptar el hecho de que todo sujeto tiene partes de sí que le resultan inaccesibles e inaprensibles, pero no se trata en absoluto de una falta, sino por el contrario, es precisamente en ese punto donde radica la riqueza intrínseca de la persona humana.

Por último, una invitación al lector a no sorprenderse por el uso frecuente del término "obreras", en femenino, para designar a los trabajadores de las maqui-

---

2. Borgeaud-Garciandía, N., "Les sujets du labeur. Travail à l'usine, travail de soi et subjectivité des ouivrières et des ouvriers des maquilas du Nicaragua", tesis de doctorado, Universidad de París I, 2008 (publicada y difundida por el Atelier National de reproduction des thèses de Lille, 2008).

las. Ellas son más numerosas que los obreros en el trabajo en las fábricas, pero además suelen estar a cargo de casi la totalidad del repertorio de responsabilidades y las obligaciones domésticas que constituyen el punto donde se amplía el marco del análisis de la dominación asociada a la incorporación al mundo del trabajo a través del empleo en la maquila.

1

En las fábricas textiles de subcontratación internacional en Managua: entre incorporación al trabajo y dominación por el trabajo

Por lo general se las llama *maquiladoras,* o *maquilas* (versión abreviada del primer término), y son estas fábricas de subcontratación internacional que resultan familiares para los mexicanos que, desde hace medio siglo, las han acogido en su país y han podido observar cómo prosperaron y se fueron transformando.[3] No fue sino mucho tiempo después que se instalaron, discreta pero eficazmente, en la vecina Nicaragua, luego de que los últimos estertores de la tormenta revolucionaria se apaciguaran. Los primeros años, mientras el siglo XX se terminaba, las maquilas se reagruparon en la zona franca nacional Las Mercedes, situada en Managua, la capital del país, a pocos kilómetros del aeropuerto internacional. Luego, estimuladas por diversas facilidades, se fueron asentando y desarrollando en otras zonas hasta conquistar el resto del territorio; nuevas zonas

---

3. Existen numerosos trabajos sobre las maquiladoras instaladas en México. Pueden consultarse, entre otros, De la Garza, E. *et al., La industria maquiladora de exportación en México: mitos y realidades,* México DF, Informe de investigación para el Instituto de Estudios Laborales, 2003; Jorge, C., "Entreprises exportatrices et changements dans l'organisation du travail au Mexique", en *Revue Tiers Monde,* t. XXXIX, núm. 154, París, abril-junio de 1998; De la O, Ma. E. y C. Quintero (coords.), *Globalización, trabajo y maquila,* México, Plaza y Valdés, 2002.

francas y nuevas maquilas vieron la luz cerca de las grandes ciudades y en el campo: aportando empleos; ese bien
precioso y tan escaso.

Pero ¿de qué clase de fábricas se trata? De aquellas
de capital extranjero que, seguras de obtener innegables
beneficios con ventajas fiscales y mano de obra abundante
y barata, se instalan en Nicaragua, en el seno de las zonas
francas cercadas. Esas fábricas producen toda clase de vestimenta y calzado que luego es exportada a Estados Unidos,
destinada a las marcas comerciales de indumentaria que
han encargaron su confección. Taiwaneses, coreanos, esta-
dounidenses, al frente de enormes consorcios y de pequeñas
unidades familiares, se reparten el grueso de este mercado
lucrativo y próspero. Si este tipo de industria representa
una enorme fuente de beneficios para aquellos que llevan
adelante el juego, eso se debe a que su funcionamiento está
establecido sobre un principio de disparidad de las ventajas.
A cambio de la creación de empleos y, tal vez, de la decisión
de instalar sus empresas en Nicaragua (los otros "beneficios", por ejemplo, las repercusiones sobre la industria
nacional, la formación de la mano de obra local o el impacto
real y benéfico sobre la economía nacional, son más discu-
tibles), el país anfitrión ofrece a los empresarios una infraestructura especialmente adaptada a sus necesidades: servicios más baratos, mano de obra "altamente competitiva"[4]
y considerables exenciones fiscales y aduaneras sobre las
ganancias, la importación de material, las modificaciones de

---

4. Como lo propone el gobierno, por intermedio de la Comisión Nacional de
Zonas Francas (www.cnzf.gob.ni). La Asociación Nicaragüense de la Industria
Textil y de la Confección (www.anitec.net) insiste sobre esta segura "ventaja
comparativa": "¿Qué tiene Nicaragua que otros países no tengan? Una de las
ventajas comparativas de Nicaragua es su fuerza de trabajo [...]. Cinco millones
de habitantes, de los que un 65% tienen menos de 25 años, 15% de desempleo
y 40% de subempleo [...]. El salario mínimo es de 0,37 dólares la hora, mientras
que el salario en el mercado es de 0,67 dólares la hora" (2008).

la sociedad comercial, la transferencia de bienes inmuebles, los impuestos indirectos de venta y las tasas municipales.

Las primeras fábricas acompañaron el advenimiento del neoliberalismo. Eran apenas cinco a comienzos de los años noventa, y quince años después se habían multiplicado por 18. Nicaragua sigue ofreciendo ventajas para los industriales extranjeros, y a las maquilas se les debe la creación de más de 87.000 empleos directos.[5] Las fábricas se han integrado al paisaje e infiltrado en la realidad cotidiana. La instalación de cada nuevo establecimiento da nacimiento a nuevas esperanzas para aquellos que buscan desesperadamente una actividad laboral y un salario. Cada fábrica que cierra, en cambio, sumerge en la angustia a numerosas familias, amenazadas por la pobreza. La división internacional de las tareas tiene su eco en otra división en el seno de la sociedad que acoge a estas fábricas: el trabajo arcaico y taylorizado de la maquila involucra sobre todo a los más pobres, a los más frágiles, a las mujeres, a aquellos que no pueden exigir nada mejor. Es algo bueno *para ellos* y por eso ellos también lo reivindican: *¿qué haríamos si no tuviéramos esto?*

---

5. Estas cifras corresponden al año 2007 (www.cnzf.gob.ni). La crisis financiera y económica actual ha afectado duramente a este sector fuertemente dependiente de la salud económica de los inversores extranjeros, en particular de los Estados Unidos hacia los cuales es exportada la producción. El gobierno anticipa la pérdida de 13.000 empleos directos en 2008, mientras que la asociación María Elena Cuadra (MEC) anticipa una cifra de 19.568 para este mismo año y de 25.023 entre 2008 y los primeros meses del año 2009. Las nuevas maquilas, hasta el momento, no han logrado cubrir más que un 30% de los empleos perdidos. Véase "Nuevas maquilas son insuficientes", en *La prensa,* 5 de mayo de 2009; y Giorgio Trucchi, "Maquila: la crisis anunciada de los capitales golondrina", en *Rel-Uita,* 27 de abril de 2009, disponible en línea: <www.rel-uita.org>.

Del sueño sandinista a la visión "de un país entero de zonas francas".[6] Trabajar en la maquila

Esta realidad se ha impuesto y construido a lo largo de los últimos veinte años, al punto de ser no solamente admitida sino también deseada como símbolo de un mal menor. La historia de Nicaragua es, en muchos sentidos, particular, e ilumina de manera más viva la amplia gama de las transformaciones que dieron nacimiento a esta realidad actual. Las maquilas, así como las representaciones que de ellas transmiten sus trabajadores, ilustran perfectamente la ruptura que los años noventa representaron en la agitada historia de este país. Una breve mirada hacia el pasado permite captar algunos de los momentos fuertes de esa historia[7] y comprender mejor el contexto de aparición de estas fábricas y el giro político, económico e ideológico que acompañó y sostuvo ese fenómeno. Nicaragua es lo que se ha convenido en llamar una *nación reciente.* Independiente desde 1821, su historia siempre tuvo la marca de una fuerte influencia de los intereses, e incluso de la presencia directa de potencias extranjeras, en particular del vecino Estados Unidos de Norteamérica. Sin embargo, Nicaragua supo alzarse contra estas intervenciones, como lo demuestra la resistencia llevada adelante por el legendario guerrillero Augusto Sandino, que en 1927 forzó a Estados Unidos a abandonar el país y luego moriría asesinado, siete años más tarde, por el primer dirigente de la flamante Guardia Nacional, Anastasio Somoza.

El apellido Somoza dejó su huella en la historia del siglo XX de Nicaragua: el padre y luego sus hijos retuvie-

---

6. Frase de un empresario nicaragüense, C. Cuadra, extraída de una entrevista en el mensuario *El observador económico,* "Las nuevas inversiones están en manos del sector privado", núm. 119, diciembre-enero de 2001-2002, pp. 22-25.

7. Para un análisis crítico de las conmociones históricas de los años ochenta, véase la particularmente esclarecedora obra de Rouquié, A., *Guerres et paix en Amérique centrale,* París, Le Seuil, 1992.

ron el poder y se apropiaron de gran parte de las riquezas del país durante más de cuarenta años, con el apoyo de la Guardia Nacional, la policía y un ejército fiel que aplastó todo intento de rebelión. A partir de los años sesenta y a lo largo de la década de 1970, el descontento de la población se fue haciendo cada vez más visible. El desarrollo económico y las transformaciones sociales e ideológicas se toparon con la rigidez del régimen político y sacudieron sus cimientos. El hartazgo de la población acabó por cristalizarse y amplios sectores se unieron a la movilización y a la insurrección comandados por el Frente Sandinista de Liberación Nacional (FSLN) que en julio de 1979 derribó el régimen de Somoza tras varios meses de duros combates.

Se inauguró entonces un nuevo período en Nicaragua, del cual es difícil, todavía hoy, establecer el balance definitivo. *Ni comunistas, ni socialistas:* inicialmente el gobierno sandinista reivindicó los principios del pluralismo político, de la economía mixta, del no alineamiento en política exterior, así como la participación popular. Sin embargo, se fue radicalizando a lo largo de los años ochenta, atrayendo así la ira de la oposición burguesa y provocando divisiones en su propio campo. Considerado como experiencia política, el sandinismo, más allá de sus propias capacidades y defectos, estuvo profundamente abocado al trabajo de desestabilización del régimen que Estados Unidos había sostenido y financiado durante décadas decidido a no tolerar gobiernos revolucionarios en su patio trasero. Descartada la intervención directa ya que el recuerdo de Vietnam estaba todavía demasiado fresco en el imaginario de la sociedad norteamericana, se implementaron muchas otras estrategias para acabar con el gobierno sandinista (presiones económicas, diplomáticas, operaciones de sabotaje y de propaganda e incluso la creación de un ejército contrarrevolucionario que incursionó e intervino varias veces en el país). A la guerra civil se añadió entonces la asfixia de la economía nicaragüense: las primeras trabas culminaron con el embargo total, decretado por Estados Unidos bajo la presidencia de

Ronald Reagan en 1985. Hubo escasez de materias primas, medicamentos, petróleo, divisas. Cayeron las exportaciones y el Producto Bruto Interno (PBI), la inflación se disparó, los salarios reales se derrumbaron y el dinero se devaluaba a diario. El entusiasmo que acompañó la caída de la dictadura somocista y las primeras reformas sociales de la Revolución (construcción de escuelas, de hospitales, de cooperativas agrarias; acceso a los servicios básicos, a la alfabetización, a la atención de la salud, etc.) fueron arrastrados por la guerra civil, el caos económico, las dificultades y la fatiga cotidianas.[8] La población quedó hastiada y el país, completamente desorganizado. Al final, los sandinistas tuvieron que hacer concesiones; en la década de 1990 se realizaron elecciones democráticas en las que triunfó una alianza opositora. Con el final de la Revolución, el país enfrentó un vuelco histórico de gran envergadura. A cambio de ayuda financiera, los organismos multilaterales de crédito impusieron políticas de ajuste estructural, la economía se desreguló con el capitalismo neoliberal, las maquilas hicieron su entrada, atraídas por las enormes ventajas fiscales y la mano de obra económica y abundante. El corte entre el cercano pasado revolucionario y el nuevo estado de situación fue radical, y Nicaragua volvía a ocupar el lugar que

---

8. Sin embargo, los recuerdos de esa época de guerra y de la vida tan difícil están a veces también teñidos de añoranza. Retrospectivamente, los obreros y las obreras que trabajaban en esa época coinciden en pensar que una suerte muy diferente es la que les estuvo reservada a los trabajadores. Así, los trabajadores de las fábricas nacionalizadas recuerdan: cada trabajador recibía una "canasta" de productos básicos, los horarios y los tiempos de trabajo eran respetados, podían acudir libremente a la clínica médica sin perder el día de trabajo, etc. No eran tiempos fáciles, la vida obrera era dura; pero veinte años más tarde, a la luz de las nuevas condiciones del asalariado, los trabajadores retienen en la memoria un sentimiento de estabilidad y de respeto. La ruptura vendrá, para todos sin excepción, con la caída del Estado-empleador, en 1990. Véase Borgeaud-Garciandía, N., "De la révolution sandiniste a u néoliberalisme: l'histoire nicaraguayenne à travers des récits ouvriers", en *Nuevo Mundo Mundos Nuevos*, 2008, disponible en línea: <http://nuevomundo.revues.org/index41123.html>.

le estaba destinado en el seno de la división internacional del trabajo para integrarse en el concierto de las naciones democráticas y liberales.

La nueva realidad necesitó de la construcción de un nuevo andamiaje jurídico que le permitiera inscribirse en la legislación del país. Nuevas leyes y decretos se sucedían; y en el lapso de unos pocos meses, quedó esbozado un marco legal adaptado a la apertura y la liberalización comercial.[9] El país quedaba preparado para acoger las fábricas de subcontratación internacional, precisamente cuando la caída del Estado empleador y las políticas de ajuste estructural habían arrojado a la calle a un verdadero ejército de trabajadores devenidos en desocupados. Una ganga para estas fábricas; una ganga para miles de hogares sin otra opción que arreglárselas como pudieran, ya en la precariedad del trabajo informal o en la maquila. Las mujeres, jefas de familia, a la cabeza de más de un tercio de los hogares,[10] resultaron sobrerrepresentadas.[11] Las maquilas se multiplicaron y muy pronto se tornaron indispensables a ojos de todos: gobernantes, trabajadores, sindicatos, medios de comunicación y también para los académicos universitarios. Y los hechos parecían darles la razón a estas fábricas: allí están, creando los empleos que hacían tanta falta. La legitimidad de su

---

9. Sobre el tema de la conmoción legislativa y el tenor de los discursos pronunciados por diversos actores en los años noventa, me permito remitir al siguiente artículo: Borgeaud-Garciandía, N., "Entre construction juridique et discours dominant: les *maquilas* et le Nicaragua postrévolutionnaire", en *Nuevo Mundo Mundos Nuevos,* 2010, disponible en línea: <http://nuevomundo.revues.org/index58418.html>.

10. Sonia Agurto y Alejandra Guido, "Nicaragua hacia los Guinness Record", en *El Observador Económico,* 31 de marzo de 2004.

11. El trabajo en las maquilas es realizado con la mayor frecuencia por mujeres. En Managua, son sobre todo las fábricas de origen asiático (mayoritarias) las que emplean mano de obra femenina. No obstante, los hombres están lejos de hallarse ausentes. En la zona franca Las Mercedes, donde gran parte de esta encuesta se llevó a cabo, hay un 60% de obreras contra el 40% de obreros (véase <www.cnzf.com.ni>).

presencia no era objeto de discusión, sino que el debate se concentró a partir de entonces en las condiciones de trabajo, los temores de cierre de las fábricas o las estrategias destinadas a mantener la actividad económica del país.

La llegada de estas fábricas y, en sentido más general, la adecuación de Nicaragua a la lógica neoliberal no sucedieron en medio de un vacío discursivo e ideológico. El nuevo estado de situación trajo consigo valores, una inteligencia de la realidad, un mundo de significaciones y de interpretaciones del bien, de lo justo, de lo deseable, de lo posible; y su eficacia resultó —como era esperable— tanto mayor cuando no había ya ningún otro sistema axiológico que pudiera hacerle competencia. El cambio de paradigma no solo determinó la percepción del presente y la imaginación del futuro, sino que también resignificó el pasado. Los años de revolución fueron denigrados; los recuerdos de la esperanza popular suscitada en sus comienzos se desplazaron hacia las reminiscencias de la guerra, del caos, del marasmo económico que, con su carga de drama y sufrimiento, devastaron el país bajo el gobierno sandinista.[12] Recuerdos que se tornan todavía más amargos por el decepcionante devenir de un partido político manchado por acusaciones de operaciones políticas, por escándalos a repetición, y desgarrado por las divisiones internas. Los años noventa hicieron tabla

---

12. Así podía leerse, en 2002, en el sitio de la Comisión Nacional de Zonas Francas que representa al gobierno (<www.cnzf.gov.ni>): "El nuevo sistema de gobierno que se extendió a lo largo de la década de 1980 y que provocó en Nicaragua una serie de conflictos políticos y sociales que desencadenaron una guerra fratricida que bloqueó el desarrollo económico y social, dejando como subproducto una infraestructura industrial obsoleta, la fuga de capitales, un retroceso de los volúmenes de producción, el desempleo, la disminución del consumo interno y de las exportaciones, además del más importante deterioro de los índices económicos de la historia del país (tasas de inflación, devaluación, crecimiento del Producto Bruto Interno, etc.). Con el triunfo de doña Violeta Barrios, viuda de Chamorro, en las elecciones de 1990, se emprende la reactivación de la industria y la inserción de la economía doméstica en el mercado exterior".

rasa de ese pasado abrumador. Nicaragua se incorporaba por fin "a las filas". ¿Cómo no regocijarse, como hiciera el expresidente de la República, Enrique Bolaños, "al ver a la juventud que hasta ayer nomás peleaba en una lucha fratricida, convivir y trabajar unida y en paz en las nuevas fábricas"[13]? La instalación de fábricas no hizo más que acompañar naturalmente las conmociones que estaban teniendo lugar. Todas las referencias habituales habían sido modificadas, transformadas, remplazadas: la Nicaragua renacida era una novedad política, económica, jurídica e ideológica. ¿Quién hubiera tenido la fuerza de resistírsele cuando el mundo entero había madurado y colocado el tiempo de las ideologías en el cesto de basura de la historia? ¿Hubiera sido acaso realista no aprobar el sistema razonable y racional que regía la marcha de las naciones modernas?

Nicaragua tenía con qué seducir a los inversionistas. La Asociación Nicaragüense de la Industria Textil y de la Confección, que agrupa a los industriales de esa rama del comercio, lo enunciaba claramente: "La fuerza de este país, sus ventajas comparativas, son su fuerza de trabajo, la juventud de su población, las tasas de desempleo y de subempleo, el salario netamente inferior a las tasas del mercado".[14] En efecto, en Nicaragua, ocho de cada diez personas viven con menos de 2 dólares por día, dos de cada tres personas tienen menos de 24 años,[15] más de un tercio de las familias está a cargo de

---

13. "Si se piensa que hace pocos años nos hundíamos todavía en conflictos civiles, es sorprendente y agradable observar que hoy hay jóvenes de todas las tendencias políticas que trabajan y conviven en enormes fábricas, entre diferentes tipos y modelos de máquinas, produciendo muchos bienes de consumo que aportan las divisas que tanto necesita nuestra patria" (carta del presidente que figuró entre 2002 y 2006 en el sitio de la Comisión de Zonas Francas. Fue retirada cuando cambió el gobierno.

14. Asociación Nicaragüense de la Industria Textil y de la Confección, *op. cit.*

15. Véanse FIDEG (Fundación Internacional para el Desafío Económico Global, disponible en línea: <www.fideg.org>) y PNUD, "Centroamérica

mujeres solteras y madres, y el trabajo es muy escaso. En el día a día, para todos, el argumento más convincente se desprende siempre de las realidades concretas: la carencia de empleos, la necesidad de trabajar para vivir y la presencia de las fábricas necesitadas y dispuestas a contratar mano de obra. "En vista de la situación", las maquilas estaban allí, y mejor eso que nada. A lo sumo —pero no es un mero detalle— los obreros y las obreras no pierden todavía la esperanza de que sus hijos conozcan días mejores. A través del prisma de esta realidad pregnante es como debe analizarse el trabajo en las maquilas y los efectos de la dominación extendiéndose a la vida de los sujetos. La idea de *ausencia de opciones* marca profundamente la subjetividad colectiva de la población obrera; determina su percepción de sí y afecta las estrategias que podría adoptar. Se refuerza el miedo a la pérdida del empleo y se reduce el espectro de las proyecciones posibles, aun cuando, como se verá más adelante, esos sujetos están menos moldeados por la realidad que se impone que constreñidos a adaptarse a sus reglas, a las cuales parece inútil y poco razonable procurar sustraerse.

De los relatos obreros, de esas experiencias objetivadas por la palabra, se desprende una diversidad de elementos que dan testimonio de las condiciones generales de trabajo y de la cotidianidad de los trabajadores. Ciertamente esas experiencias son ricas y complejas, variables en el tiempo, según las fábricas y los trabajadores mismos. Semejante pluralidad no puede ser restituida en este trabajo; pero ese obstáculo no debe impedir la reconstrucción esquemática de lo que esta experiencia de trabajo y de empleo representa en las existencias obreras. Ya sean denunciados o simplemente enunciados, los múltiples condicionamientos ligados a la incorporación al trabajo en la maquila aparecen en

2005-2006 desde una perspectiva de derechos humanos", publicación del Centro Nicaragüense de los Derechos Humanos (CENIDH), p. 39.

todos y cada uno de los relatos. El mundo de la maquila es amenazante, tanto por las condiciones materiales como por la precariedad en la que se desarrolla el empleo; inocula un temor difuso pero siempre presente. Es un mundo complejo, del que se esbozan aquí los rasgos esenciales.

A las decenas de miles de obreros que han debido internarse por los largos corredores enrejados, soportar los controles y los cacheos a la entrada de los edificios, el interior de la fábrica no les reserva la más mínima serenidad. La temperatura allí es muy elevada; el ruido, constante y ensordecedor; el aire enturbiado por la saturación de partículas volátiles, el material de descarte y el espacio atestado de la mercadería producida obstruyen aún más los pasajes estrechos. Aquellos cuya actividad requiere permanecer de pie no pueden sentarse, a quienes trabajan sentados no se les permite levantarse. El cuerpo expuesto a las amenazas físicas del medio ambiente lo está también a la falta de cuidado del pudor y al espacio íntimo personal. Nada de la sensibilidad y protección que todo cuerpo precisa es respetada en absoluto. Las personas son palpadas, registradas, agraviadas varias veces por día; las visitas a los baños son controladas; el almuerzo, frío, deben comerlo fuera del espacio de trabajo, sentados sobre el suelo, *como animales,* subraya una de las obreras.

Sin embargo, estas condiciones efectivas en las que trabajan, que contribuyen a fragilizar y a aislar a quienes son sometidos a esas agresiones, no son el núcleo central del control de la mano de obra. La política disciplinaria impuesta por las empresas parece menos dirigida a robotizar y a constreñir los cuerpos (de lo que se encargan las exigencias mismas de la tarea) que a condicionar a los trabajadores, prolongando y alimentando la incertidumbre y la falta de estabilidad laboral, construyendo un escenario carente de opciones de empleos y en donde la necesidad late al ritmo de la urgencia. La precariedad del trabajo nutre esta arquitectura. Aunque son empleos formales, la flexibilidad característica del régimen normativo neoliberal exacerba el clima de amenazas más o menos difusas. La flexibilidad del salario y la flexibilidad de los horarios se conjugan y se refuerzan.

El salario se calcula sobre la base del rendimiento, a lo que se le suman premios y bonos destinados a recompensar el buen desempeño. El monto nunca es estable. Varía de un mes al otro y depende de factores tan aleatorios como el salario básico, la producción exigida y realizada, la tarea asignada, las horas extras, la puntualidad, el tipo de vínculo entablado con el supervisor, la importancia de los pedidos, y hasta la salud del asalariado y de sus hijos, en la medida en que el menor imprevisto doméstico puede entorpecer el presentismo. Cada trabajador se "hace" así su propio salario, intentando anticipar numerosos elementos que están en realidad por fuera de sus posibilidades de control (el embotellamiento en las rutas que conducen a la fábrica, quien pueda sustituirlo en el cuidado de un familiar, etc.); obligado, a menudo, a hacer su trabajo de manera chapucera a pesar de los riesgos de sanción. Para poder anticipar el monto de su propio salario, habría que contar con una actividad productiva lo más estable y previsible que fuese posible.

Por otra parte, la producción de un obrero fluctúa de acuerdo a los pedidos, a las operaciones de costura requeridas para cada tipo de prenda, a la época del año. Todo ello ligado además a las políticas de las empresas, a su capacidad productiva, a su margen de maniobra para con sus clientes, etc. Los riesgos son numerosos, y no es raro que los trabajadores se encuentren de un día para el otro técnicamente desempleados o suspendidos. Algunos intentan contrarrestar los efectos de estas fluctuaciones desarrollando actividades prohibidas en el seno de la fábrica, como la venta de productos (de maquillaje, por ejemplo) o de servicios (préstamos). No obstante, así como una baja de la actividad resulta muy desestabilizadora para los trabajadores y la economía familiar, el exceso de trabajo también puede revelarse como pernicioso, ya que se traduce en un aumento de las horas extras que directa o indirectamente les son exigidas y que muchas veces son demasiadas. Así el trabajador termina consagrando a la fábrica tiempo propio que quita a la vida familiar y a toda otra actividad que no sea el trabajo. Esas horas son objeto de negociaciones cotidianas, y son tan habituales, que termina resultando algo *normal* que los trabajadores se queden en la fábrica hasta más tarde; de hecho lo *excepcional* es la posibilidad de retirarse después de una jornada legal de trabajo. Si la hora de entrada a la fábrica es extremadamente rígida (después de las 7 de la mañana el ingreso se considera como tarde, y se corre el riesgo de perder tanto el premio quincenal a la puntualidad como el que corresponde a la producción diaria), la hora de salida es mucho más flexible: algunos se quedarán dos horas más; otros, cinco; algunos —requeridos por la entrega de un pedido— podrían llegar a pasar la noche en la fábrica. Las horas extras, despreciadas o deseadas pero siempre indispensables, se hallan pues en la intersección de diversos factores de tensión o de represión.[16] Horas extras obligatorias, horas extras inexistentes o suprimidas, y el agotamiento, el miedo a la pérdida del salario, el peligro de despido constituyen al final un cóctel eficaz que permite a la máquina seguir girando.

Esta flexibilidad laboral extrema y la incertidumbre que esta engendra en cuanto al futuro, incluso el más próximo, del trabajador y de los suyos se articulan tanto con las condiciones de trabajo que se han descripto más arriba como con las difíciles condiciones de vida. Podría agregarse aquí la fragilidad de las relaciones personales que se anudan en el seno de las fábricas. Son débiles vínculos entre trabajadores: aunque no faltan los gestos de solidaridad, la amenaza que pesa sobre cualquier potencial organización de los trabajadores, la prohibición de hablar durante

---

16. Indispensables para el salario, pueden ser objeto de sanciones de parte de la empresa, obligando al trabajador castigado (aquel, por ejemplo, que se acerca demasiado a una organización sindical) a renunciar.

el trabajo, la tarea a realizar, la disposición espacial de los puestos, las disputas por obtener el trabajo disponible, las estadías relativamente cortas en cada fábrica y las obligaciones domésticas operan en contra de vínculos más sólidos y durables. Las relaciones entre los trabajadores y la dirección son nulas, ausentes de los relatos, contrariamente a lo que sucede con las tramas vinculares omnipresentes, que se entretejen con los supervisores, niveles inferiores de conducción. En cuanto a estos últimos, no hay de qué asombrarse, si recordamos a qué punto la desigualdad que marca estas relaciones condiciona toda negociación. Solo el obrero que consigue controlarlas, aun de manera muy parcial, puede esperar un poco de estabilidad y un margen de maniobra ligeramente mayor.

Los medios de presión de los que dispone el supervisor cobran más importancia cuanto mayor es su discrecionalidad y, a menos que algún episodio desborde los límites de su control, el supervisor no rinde cuentas de lo que sucede en el área de la que está a cargo. Entre las armas de las que dispone, se encuentran el salario (producción y premios que no son correctamente contabilizados o que son objeto de retenciones), las autorizaciones de salida de la fábrica (especialmente para ir al médico, o la consideración cuando el obrero no puede hacer horas extras), o bien el derecho de rechazar la renuncia de un obrero. Estas prerrogativas le confieren autoridad sobre cada trabajador, y cuando hace un hábil uso de su parcialidad también condiciona los vínculos de los obreros entre sí. Debería añadirse la inevitable intromisión de los agentes de control de la fábrica sobre la vida personal y privada (el hijo enfermo, los obreros que están en pareja, las exigencias de la familia a cargo), que representa una fuente de información y de presión nada desdeñable. El poder del jefe, del supervisor, es menos el de mandar que el de mantener algo de arbitrariedad en las decisiones que toma y fomentar la incertidumbre de los obreros. Cada uno de estos actores deberá asumir el desafío nada menor de empeñarse en estabilizar la relación perfectamente desigual que los implica.

Estas son algunas de las características generales encontradas en los relatos que los obreros y las obreras hacen de sus condiciones de trabajo: la dificultad para conseguir trabajo fuera de la maquila, conjugada con la incertidumbre que se desprende de estas condiciones horarias y salariales sometidas a una flexibilidad imperiosa, el clima de difusa amenaza que aumenta considerablemente la dependencia de los trabajadores con respecto a su empleo, y debilita tanto más su autonomía y su capacidad de actuar. Para lidiar con tanta inseguridad y temperar el efecto de la dependencia, los obreros recurren a diversas estrategias que, lejos de desplegarse únicamente en el seno de la fábrica, implican de igual modo a toda la unidad familiar, que se organiza a fin de liberar al trabajador y de lidiar con los golpes duros (el despido inopinado, por ejemplo).

De este modo, las exigencias de producción y de control ejercido por los jefes se duplican con un control y una organización extremadamente rigurosos que el trabajador mismo se impone, tanto dentro como fuera de la fábrica. El autocontrol en el trabajo está presente a todo nivel: desde el gesto que permitirá producir más con menos fatiga a las estrategias que permiten mantener algunos puestos, pasando por la organización muy circunscrita de la propia producción, de las pausas y los horarios, incluso de las idas al baño o las consultas médicas. Este tiempo tan fragmentado se extiende de la fábrica a la casa, en un sorprendente continuo, y las actividades, estrictamente programadas, que se suceden desde el alba hasta la hora de acostarse, no dejan de recordar el ritmo y la cadencia de los engranajes de la producción. La autoorganización se combina —en el seno de la fábrica— con el autocontrol del miedo a ser pescado en falta, aunque sea injustamente (*usted va demasiado al baño, no está enfermo, quiere una autorización para no trabajar, no produce lo suficiente*, etc., todas cosas pasibles de hostigamiento y de despido). Finalmente, tanto la organización del propio tiempo y de la propia producción como la gestión, a nivel individual, de la presión en el trabajo (es decir, el mínimo de influencia que el trabajador conserva sobre su actividad) contribuyen a aumentar la productividad. Cada obrero y obrera utilizará este pequeñísimo margen de maniobra para intentar adaptarse al trabajo y adaptar el trabajo a sí mismo/a.

Renunciar a un empleo para evitar el agotamiento o decidir retomar el trabajo en la maquila porque resulta necesario son movimientos que forman parte de la organización de los obreros y de las obreras, que involucra tanto su trabajo como a la familia. Algunos trabajadores consiguen permanecer algunos años en la misma empresa, pero tampoco es raro oírles enumerar las seis o siete fábricas diferentes en que trabajaron en otros tantos años de actividad en el mismo rubro. Se deja una maquila por causa de un despido, de malas relaciones con el supervisor, de agotamiento, o —cosa que es frecuente— porque ya no se consigue soportar el aburrimiento. Las idas y vueltas entre fábricas parecen constituir una suerte de *modus vivendi,* cuyo sentido y utilidad se inscriben en el corazón de la excesiva flexibilidad laboral.

Abandonar, regresar a la zona franca, esa libertad de acción parece adaptarse bien a los trabajadores. No hay de qué asombrarse: cuando la presión o el tedio son demasiado intensos y amenazan la integridad subjetiva del obrero, este tomará la distancia que precise por el tiempo necesario, y luego regresará a la zona franca con fuerzas renovadas. Desde el punto de vista de las empresas, la elevada rotación de los operarios no es importante: les garantiza un personal *en buenas condiciones para el trabajo,* que se irá por sí mismo cuando se canse. El sistema es simple, se parece al de una olla a presión cuya intensidad hay que controlar, para evitar los estragos que puede producir un uso abusivo. Esta tensión no se traduce hacia adentro de las fábricas, ya que la mano de obra "se renueva" por sí misma y solo para poder continuar trabajando y asegurando su supervivencia. Este mecanismo de idas y vueltas involucra también —sobre todo cuando se trata de las mujeres— a sus familias, que se encuentran atrapadas en la coreografía de este extraño ballet. Cuando la obrera deja la maquila y regresa a su casa para ocuparse del hogar y de los hijos de la familia, una hermana o su madre la relevan en la fábrica, asegurándose con la sincronización que no faltará el salario.

Este mecanismo concierne más a las mujeres que a los hombres. En efecto, es excepcional que estos no puedan contar con una presencia femenina —su compañera, la madre, una hermana— que los libere de las actividades domésticas y del cuidado de los hijos. Los padres solteros rara vez tienen la custodia de los niños. Liberados de estas responsabilidades, son, en cierta medida, menos dependientes de este trabajo que las mujeres, que cueste lo que cueste deben proveer lo que se precise para saldar las necesidades de los suyos. Así, es sobre todo entre las mujeres (en el doble rol de trabajadora y madre) de una misma familia que se instauran estrategias que procuran afrontar la diversidad de obligaciones y los riesgos de inseguridad. Cuando el empleo exige la disponibilidad completa de la trabajadora, que debe realizar horas extras o trabajar durante el fin de semana, el resto de la familia se organiza a fin de liberar su tiempo y hacerse cargo de una parte de las obligaciones de esa mujer. Entre los imperativos del trabajo fabril y la responsabilidad en tanto que madre, la mujer debe hacer muchas veces elecciones difíciles. Si su hijo está enfermo y tiene que ir a consultar al médico, habrá que elegir entre ir al trabajo y pedirle a otra persona que lleve a su hijo a la clínica, o hacerlo ella misma y faltar media jornada a la fábrica, perdiendo así los incentivos de producción y los premios. Si fuese posible introducir un corte, más que aquel que separa el trabajo de las horas fuera de este, sería el que dividiría los períodos de trabajo en la fábrica —consagrados a la tarea— de los períodos pasados en casa con sus hijos. Sin embargo, debido al "sistema de *reniflard*",[17] ese tiempo pasado en la casa sigue siendo tributario del tiempo de trabajo en la fábrica. Finalmente, la dominación originada en la incorporación al trabajo en la maquila se ejerce con independencia del hecho de que la obrera esté en efecto trabajando o no.

Cuando no está en la fábrica, la obrera pasa su tiempo en la casa, con su familia: podría decirse que jamás rompe ese circuito. De casa a la fábrica, de la fábrica a casa. Pero ¿de qué casa se trata? Rara vez, de la suya. Los obreros y las obreras que han sido entrevistados, con excepción de los mayores, no poseen casa propia y no cuentan con los medios para pagar un alquiler. Cada casa alberga, entonces, varias generaciones y distintos tipo de parentescos: padres, hijos, nietos, yernos y nueras. Que la estructura familiar extendida sea la más capacitada para afrontar las dificultades cotidianas no significa en absoluto que sea deseada, o que se presente siquiera como normal. Las parejas jóvenes, las madres solteras, hablan de su deseo de independencia, pero satisfacer esta ambición es demasiado costoso. Esta estructura familiar, muy difundida entre familias obreras, aun cuando en principio no sea la deseada, es la que permite organizarse colectivamente a fin de enfrentar mejor la precariedad financiera y paliar las complicaciones causadas por los condicionamientos (en especial, de horarios) del trabajo. A menos que no se tenga ninguna otra responsabilidad que el trabajo, es muy difícil hacerlo sin contar con el apoyo de una familia. La familia de estructura extendida, cualesquiera

---

17. Retomamos libremente este término tecnológico que designa una "pequeña válvula que se abre automáticamente por la acción de una diferencia de presión entre la presión atmosférica y un conducto o un aparato hidráulico, para dejar escapar o, por el contrario, dejar entrar una pequeña cantidad de aire", para designar el sistema de ida y vuelta de los trabajadores (en especial, de una misma familia) entre la fábrica y el domicilio, permitiendo controlar la presión y la fatiga. La empresa encuentra en ello un beneficio, pues este sistema tiende a regular la presión general soportada por los obreros en el trabajo y, por eso mismo, las probabilidades de explosión espontánea y colectiva (*Trésor de la langue française*, disponible en línea: <atilf.atilf.fr>).

sean sus inconvenientes, cumple por lo tanto una función estabilizadora nada desdeñable, y resulta una respuesta eficaz a la inestabilidad instaurada por la maquila.

Todas las condiciones del mundo laboral extienden su posibilidad de influir sobre la organización familiar penetrando en lo más íntimo y afectando las relaciones entre los integrantes del grupo familiar. La solidaridad, la ayuda mutua, el amor son otros elementos que constituyen la base sobre la cual reposa la ayuda aportada a la obrera a fin de que pueda estar disponible para su trabajo sin tener que ocuparse de los suyos. Ya se trate de intercambios de favores entre madres e hijas o de relaciones amorosas que se establecen dentro de la fábrica y a pesar de las limitaciones de horarios, la organización de la célula familiar en función del trabajo de la mujer obrera no se limita a distribuir las funciones entre los individuos, sino que además se introduce en el corazón mismo de las estructuras familiares, y este impacto no siempre tiene lugar sin amarguras.

Las parejas soportan directamente los efectos del modo de vida que les imponen las condiciones de este tipo de empleo, sobre todo cuando los dos miembros de una pareja trabajan en la maquila. En esos casos, las estrategias son pensadas en común: uno de los cónyuges se quedará en la fábrica haciendo horas extras y el otro permanecerá al cuidado de los hijos. En una sociedad de costumbres particularmente machistas, es interesante examinar más de cerca el caso de una figura muy habitual en la maquila: la mujer/madre, que trabaja en la fábrica y se preocupa además y primordialmente por las necesidades de sus hijos. Su salario es central para la familia, el hombre —si es que hay cónyuge, o compañero— está allí para ayudar. La mujer está tanto más atada a su trabajo y a su salario cuanto más desea que sus hijos dependan exclusivamente de ella; en su discurso, los hombres no parecen confiables. Presentes un día, al siguiente bien podrían no estar, y es más seguro asentar la economía de la familia sobre el trabajo femenino. Los hombres de la familia, cuya autoridad formal, no obstante, jamás es puesta en discusión, parecen desempeñar un papel secundario. Quizá por eso las historias de pareja están marcadas por la intermitencia. De allí, tal vez, ese desapego forzado que se percibe en el discurso de las mujeres, cuando se refieren a la vida de a dos, a la de la confianza mutua y las responsabilidades compartidas.

Las restricciones que surgen del tipo de tarea en la fábrica y la dependencia de las obreras con respecto a ese trabajo afectan las relaciones amorosas de las parejas que ya existían previamente, las de aquellas que aspiran a consolidarse en ese entorno e incluso las de aquellas que todavía no se formaron: ¿dónde y cuándo podrán encontrarse? Para compartir la propia existencia, para construir la vida propia de pareja, para amar, se necesita tiempo y energía. Trabajar en la fábrica y sostener una vida de pareja es algo difícil de conciliar y, para algunas obreras, no ha sido posible. De tentativa en tentativa, muchas han sacrificado su vida íntima para afrontar solas, con el apoyo de los más próximos, los requerimientos del trabajo y el cuidado de los hijos y del hogar. Su vida amorosa es mantenida a distancia del día a día que ya de por sí es bastante complicado;[18] a menos que encuentren al hombre ideal, es decir, a aquel que las acepte con sus hijos. Las relaciones de pareja se entretejen sobre razones de orden práctico y no sobre las razones de una erótica amorosa; como si los sentimientos expansivos, tal vez íntimamente anhelados, fuesen incompatibles con una vida tan dura, sometida a las necesidades prácticas de lo cotidiano. Se necesita tiempo para amar y ser amado, y eso es precisamente lo que estas mujeres no tienen. Si ese hombre ideal no aparece, más vale arreglárselas sola

---

18. Helena Hirata, a partir de investigaciones llevadas a cabo en empresas en Japón, ha echado luz sobre modalidades específicas de relaciones conyugales y amorosas dispuestas en provecho de la productividad en el trabajo. Véase Hirata, H y Kergoat, D., "Rapports sociaux de sexe et psychopathologie du travail", en Dejours, Ch. (dir.), *Plaisir et souffrance dans le travail. Séminaire interdisciplinaire de psychopathologie du travail*, 1986-1987, AOCIP, 11, 1988, pp. 144-163.

y asegurar la existencia y la permanencia de ese pequeño espacio que es la vida familiar y construir allí un poco de la estabilidad que tanto necesitan sus vidas. Esa manera de vivir puede parecer en principio un cierto modo de evitar —más o menos logrado— la dominación masculina; sin embargo, resulta más bien en el sometimiento a la precariedad de su situación de vida y de trabajo. A los deseos se les amputa su parte de sueño y suelen perdurar en tanto objetivos realizables, que se adaptan dóciles a las dificultades de la vida; sus vidas íntimas y privadas están truncadas, volcadas hacia los hijos.

"Nicaragua, ¿un laboratorio?"[19]

Se ha procurado describir, en unas pocas páginas, los elementos de una dominación ligada al trabajo y a la incorporación al trabajo en estas fábricas de maquila, aparecidas en suelo nicaragüense con el final de la guerra civil y la apertura del país al capitalismo neoliberal. Las situaciones extremas que las entrevistas expusieron permiten emprender una reflexión sobre las reconfiguraciones del trabajo, las formas y los espacios de la dominación que se desprenden de ellas, y las relaciones entre los sujetos en este contexto. Sin embargo, los obreros deben vivir cada día, y eso no sería posible si la dominación fuese absoluta; y tienen que

---

19. Se parafrasea aquí el título del coloquio "Mondialisation économique et gouvernement des sociétés: l'Amérique latine, un laboratoire?", organizado en París por el GREITD, el IRD y las universidades de París I (IEDES), París VIII y París XIII, los días 7 y 8 de junio de 2000. En la presentación del coloquio podía leerse: "Lo que sucede desde hace unos 15 años en América Latina en dominios tan diversos como el abandono de la soberanía monetaria, los modos descentralizados de gestión del territorio, la flexibilización del uso del trabajo y el desmantelamiento de la protección social, la penetración del espacio público por redes corruptivas y criminales, aparece como el anuncio de aquello que caracteriza no solamente a ciertas regiones de África o de Asia, sino también a Europa. Es en ello que América Latina podría constituir un laboratorio que permita comprender el devenir de una gran parte del mundo".

procurar desasirse mínimamente de la opresión, aunque más no sea para construir un relato en primera persona del singular. Esta observación inaugura numerosos cuestionamientos sobre la dominación y sobre los sujetos que la padecen; y ese es el terreno de la ambiciosa indagación que propone este libro.

¿Qué tan alejada podría estar una situación laboral que resulte ajena a las realidades de las ciudades donde viven los investigadores y quienes leen sus textos? ¿Se trata de buscar un ejemplo exótico o el análisis permitirá una reflexión informada sobre realidades diferentes para finalmente descubrir que aquello puesto en cuestión es algo que concierne a todos?

Antes de comenzar el análisis es preciso realizar algunas aclaraciones. El lector, en efecto, tal vez se pregunte por qué colocar, en el centro de la reflexión general con respecto a la dominación, aquella que se ejerce en el ámbito laboral. Conviene señalar que a pesar de sus vínculos, hay que distinguir la dominación *en el* trabajo de la dominación *por el* trabajo y por la incorporación al trabajo. Es siempre a través del empleo como cada uno puede atender las necesidades de la comunidad familiar, tener acceso a bienes de consumo y a servicios. El ámbito laboral es también esencialmente un espacio social donde las personas se muestran, se exponen y donde se ponen en escena. En el trabajo se experimentan y tejen las relaciones sociales y también allí es donde cada acción se realiza bajo la mirada de los otros. Si la centralidad del trabajo en la vida humana es múltiple y existe un abanico de maneras de vivenciarla, su centralidad con respecto a las necesidades se impone por sí misma, es compartida, monolítica. Los obreros y las obreras de las maquilas pasan, en promedio, entre diez y catorce horas por día en la fábrica, porque es el tiempo de trabajo impuesto e indispensable para producir el dinero necesario que permitirá el funcionamiento del hogar. El tiempo que les queda libre pueden dedicarlo a sus actividades, a los cuidados de la casa y de la familia y algunas horas de reposo. Más allá de cada existencia individual, se trata de barrios enteros, y en Nicaragua es un alto porcentaje de la población la que sostiene ese ritmo de vida. Las condiciones que impone el trabajo no tienen como frontera los muros de la fábrica. En la situación estudiada, haber considerado una clara división entre trabajo y tiempo fuera de él habría permitido quizás una mejor organización metodológica del trabajo de campo, pero hubiera sido un engaño: plantear la existencia de esa separación como algo real sería ocultar qué tan extensos y qué tan consistentes son los mecanismos de la dominación. Es preciso, por el contrario, salir de la fábrica y considerar, como observa Cabanes, que "es bajo el ángulo de la relación entre la evolución del mundo del trabajo y el de la vida doméstica o privada como se observa la modificación de las formas de dominación".[20] Trabajar es también la actividad mediante la cual el trabajador hace experiencia de la subversión de las reglas y de su propia inteligencia en ese ámbito.[21] Espacio privilegiado en el que la dominación tiene su anclaje, el lugar de trabajo es también donde late en potencia la base de su subversión. Es importante recordar que el trabajo —y la incorporación de las personas a ese mundo— es la base de la producción (material e inmaterial) del sistema capitalista. Y la elección de privilegiar, en la reflexión, la dominación por el trabajo (partiendo en muchos aspectos de una situación extrema) demostró ser fecunda. Sin embargo, no se descartan en absoluto otras formas de dominación, ni sus manifestaciones, ni la oportunidad de discernir los múltiples puntos de su articulación.

En el centro de la indagación sobre la dominación por el trabajo en las maquilas, es posible determinar tres elementos que la sostienen: la idea de la *ausencia de opciones;* la *inestabilidad* de la situación laboral y de vida, y la

20. Cabanes, R., *Travail, famille, mondialisation*, París, Karthala, 2002, p. 16.

21. Véanse los trabajos en psicodinámica del trabajo, en particular Dejours, Ch., "Pour une clinique de la médiation entre psychanalyse et politique: la psychonynamique du travail", *Revue Trans*, Montreal, otoño de 1993.

necesidad de vivir, cada uno con los suyos, aunque no haya una certeza tranquilizadora de que tal cosa es posible. La disciplina se aleja de la sumisión directa por el control de los cuerpos (incluso cuando lo estuvieran), y aparece más como un modo de fragilizar y condicionar a los sujetos a través de la inseguridad y de la incertidumbre, tanto en la fábrica como en casa, en el seno de la propia familia, en la imposibilidad de avizorar el futuro propio, la autonomía de sí y la del hogar, la plena realización de una vida en pareja y el desarrollo de los hijos.

Hay elementos particulares de este caso estudiado: las maquilas extranjeras se impusieron en Nicaragua tras una larga historia de violencia y expoliación, marcada por la guerra civil y el caos económico que precedieron su llegada; las condiciones de trabajo y de incorporación al trabajo son extremas; la vida privada de los trabajadores, y sobre todo de las trabajadoras, está atrapada en las redes de la dominación por el trabajo. Las condiciones históricas particulares de la implantación de este sistema de empleo permiten afirmar que se trata de una construcción política (que supuso profundas conmociones económicas y jurídicas), ideológica (avalada por discursos que entronizan las leyes del mercado y la naturalización de la globalización, desacreditando el pasado revolucionario) y social. Estas condiciones históricas, la violencia de una guerra y la violencia económica que acarrea el régimen liberal, sumadas al recuerdo de una vida más digna, han dejado marca en los espíritus y las memorias de los nicaragüenses. Quizás el recuerdo de la guerra civil pueda explicar también —aun parcialmente— por qué el nuevo régimen y sus excesos se impusieron con tanta rapidez y habilite la legítima pregunta por si esta situación perdurará cuando el recuerdo amenazante del conflicto se haya alejado.

El momento en que alguien se incorpora como trabajador a la fábrica es un punto de inflexión en la vida. Las relaciones de dominación impuestas en el trabajo y la necesidad que sienten los sujetos de encontrar las respuestas apropiadas para entender estas cuestiones son otros elementos que afectan en distinta medida a la gran mayoría de los hombres y las mujeres que se incorporan a esta tarea. La situación estudiada, con su especificidad, también puede alcanzar un grado importante de generalización que resulte útil en el momento de estudiar otros contextos laborales. Esto resulta factible porque una situación de dominación extrema —hasta el punto en que pueden reconocerse fácilmente sus efectos hasta en lo más recóndito de la vida privada— permite ver algo diferente de aquello que se transparenta en situaciones que podrían considerarse más comunes e integradas al paisaje cotidiano. Analizar el contexto nicaragüense puede agudizar la percepción y permitir distinguir las características en común y las diferencias en relación con otras situaciones de dominación; y funcionar como un ideal-tipo, con ampliaciones y simplificaciones. Esta constatación no es una crítica, sino que, como sostienen en su obra Laé y Murard, la sociología misma opera por "agrandamiento o ampliación",[22] aun cuando la herramienta deba completarse con análisis finos y específicos de cada caso; y este es el exacto punto en que este trabajo puede resultar un aporte de utilidad para otras investigaciones.

En Nicaragua la nueva modalidad de trabajo fabril se gestó como una construcción muy específica. Al avanzar en el análisis, una de las cuestiones relevantes que se volvieron inteligibles fue el hecho de que el trabajo en la maquila está enmarcado normativamente en la formalidad del empleo, en un contexto que se caracteriza por elevados porcentajes de informalidad laboral. El empleo en la maquila es formal, legal y reconocido por la ley; los contratos son de duración indeterminada (aunque nunca es sinónimo de estabilidad: los obreros y las obreras se convierten en prestatarios al servicio a la producción). Este tipo de trabajo está sometido a un alto grado de flexibilidad (en los países llama-

---

22. Laé J-F. y Murard, N., *Les récits du malheur*, París, Descartes & Cia., 1995.

dos desarrollados, los empleos más precarizados, como las cajeras y el personal que trabaja en casas de familia, también padecen cotidianamente la experiencia de la flexibilidad horaria) y destinado en primer lugar a las mujeres. En cuanto al salario, el eslogan: *trabajar más para ganar más* es una banalidad total para las obreras nicaragüenses. La situación laboral analizada, si bien puede considerarse un caso extremo, está perfectamente inserta en la historia de la producción capitalista. La idea de que *no hay ninguna otra opción* aparte de la que ofrece el sistema, la inseguridad de las condiciones y de la continuidad del trabajo, los procesos de banalización y de normalización de la injusticia están extremadamente presentes en el contexto estudiado, pero también existen en otras partes del mundo, bajo formas comparables o no. Aunque la ausencia de opciones no sea tan absoluta, también en los países centrales se conoce la desesperanza de una parte de los trabajadores y de los que han perdido sus empleos, que con cuestiones tales como las deslocalizaciones industriales, o incluso los suicidios, tienden a hacerse más visibles en el espacio público. Esta desesperanza nace de la situación de vulnerabilidad de los sujetos sociales (colectivos de obreros amenazados por el desempleo, trabajadoras que son madres solteras, jóvenes con o sin diplomas, gente mayor cuya experiencia ya no es reconocida, etc.), que sumada a la precariedad y al miedo al desempleo, sustenta y refuerza la dominación por el trabajo y el temor a perderlo.[23]

---

23. En 1980, Robert Linhart, tras su regreso del nordeste brasileño, formuló esta reflexión: "En Francia, desde hace unos diez años, creció el número de trabajadores 'en negro', interinos, subcontratados, etc., se acrecentaron fuertemente la división de la fuerza de trabajo y la multiplicación de las categorías precarias. No dejo de sorprenderme al descubrir la unidad de los métodos de gestión capitalista, desde los centros más ricos hasta las periferias dependientes más miserables. ¿Cómo es que hace el sistema para penetrar hasta tal punto con tanta precisión?" (Linhart, R., *La sucre et la faim. Enquête dans les régions sucrières du Nord-Est brésilien*, París, Minuit, 1980, p. 48).

Mediante la observación de la incorporación al trabajo en las maquilas, se intenta en este libro re-trazar a grandes rasgos la arquitectura de una dominación que desde el ámbito laboral se extiende hasta la organización general de la vida de los obreros. De estas observaciones, se derivan dos cuestiones centrales que se inscriben en el corazón de la dominación por el trabajo y su relación con los sujetos. Hablar de arquitectura de la dominación es poner de relieve la idea de una política o de una "puesta en forma"[24] de la dominación. Se pudo observar que la vida privada, en particular la vida de familia y de pareja, soporta directamente el impacto de los imperativos que la dominación le impone hasta el punto de, efectivamente, transformarse. ¿Cómo leer este fenómeno? ¿Se trata de una política de la dominación que, por así decir, se impone brutalmente, o más bien de una política que conduce a los sujetos a articular otros aspectos de sus vidas para responder y adecuarse a los imperativos de la dominación? Cómo los sujetos efectivamente soportan la dominación es lo que suscita nuevos o distintos interrogantes. En las circunstancias descritas, lo esperable era encontrar seres totalmente alienados, desprovistos de conciencia de la dominación, sujetos cuya subjetividad estuviese tan constreñida que hubieran perdido toda capacidad de reflexión sobre ella. Sin embargo, la dominación no anula ni la producción subjetiva ni la reivindicación subjetiva del sí mismo. Prueba de ello es que, si las condiciones de trabajo y de vida amenazan la integridad física y psíquica de los sujetos trabajadores, estos instauran mecanismos de preservación, construyen una arquitectura defensiva. Su costo,

---

24. Geffray, Ch., *Chroniques de la servitude en Amazonie*, París, Karthala, 1995. Al referirse a los trabajos de este autor, Alain Morice explicita: "Toda forma de dominación remite no solamente a una amenaza, sino también [...] a la 'puesta en forma' de esta amenaza, es decir, al conjunto de los mecanismos que el dominante va a poner en marcha, a organizar, a volver coherentes y visibles, a fin de volverla verosímil y por ende eficaz". Morice, A., "Quelques réflexions sur l'adhésion au système", en *Travailler*, núm. 3, 1999, p. 49.

a nivel subjetivo, es elevado. Sin embargo, la subjetividad aparece igualmente como el lugar donde las cosas pueden ser pensadas y vividas, donde se busca construir un sí mismo que no sea el fruto de la dominación, donde sea posible reconocerla y nombrarla.

De estas observaciones nace la hipótesis de que a la dominación, para ser "total", le basta con controlar ciertos puntos estratégicos, ciertos espacios de incertidumbre, y hacer funcionar el disparador del miedo. Su versión totalitaria, podríamos decir, implicaría la destrucción de los sujetos, lo cual no es lo que se busca aquí: es necesario que los sujetos se inclinen y produzcan, que respondan y se ajusten a la dominación. Frente a la dominación que se impone por el trabajo, los sujetos son llevados a reconfigurar sus propios espacios y la propia percepción de sí, menos para reconocerla y reconocerse en ella que para protegerse de la incertidumbre y de la inestabilidad, para preservarse de la invasión total de la dominación (aun cuando esto parezca una paradoja). Ingresar en esta dinámica es una consecuencia, no precisamente mínima, de la infiltración total de la dominación en la vida de los sujetos. Esta relación causal parece sin embargo insuficiente e incompleta, pues los actores no hacen más que soportar la dominación, la trabajan, la desplazan, procuran desprenderse o protegerse de ella; se sitúan en relación con ella.

2

Dominación, relación consigo mismo y resurgencia del sujeto

A continuación se presenta brevemente a los obreros y las obreras cuyas historias personales son citadas en el trabajo.[25]

Irisa es supervisora en una empresa coreana bastante antigua. Vive con su familia de 12 miembros, bastante lejos de las fábricas, en una pequeña ciudad próxima a Managua. Tiene 25 años y es una de las pocas mujeres entrevistadas que no tiene hijos. Tampoco tiene compañero. "Mejor así", dice, pues no tiene suficiente tiempo. La posición de Irisa en la fábrica es muy delicada. Para responder a esa imagen de *buena supervisora* que le es tan cara, y estando atrapada entre los obreros con quienes ella quiere ser *buena* y los *chinos* que exigen de ella una actitud muy severa, Irisa ha sacrificado su vida privada en aras de su trabajo (sus estudios, su vida amorosa, sus perspectivas de futuro). Lo que ella verbaliza no solo es importante por su contenido, sino también porque pone en valor aquello que no dice. Como si su palabra fuese igualmente una palabra para callar. Tal vez una condición para poder quedarse y trabajar en la fábrica, que le da menos que lo que toma de ella, pero donde puede y debe construir una imagen de sí tanto frente a otros como en relación consigo misma.

---

25. Las edades y las situaciones presentadas corresponden a la información recogida durante entrevistas realizadas en el trabajo de campo llevado a cabo en 2002 y 2004.

Corina tiene 21 años y una hijita de 4 a cuyo padre jamás ha vuelto a ver. Ambas habitan la casa del padre de Corina, que a su vez reparte su tiempo entre ese domicilio y la casa de su compañera. La madre de Corina murió quemada viva por causa de un accidente doméstico cuando ella era niña. Este drama la afectó mucho. Esa pérdida, las circunstancias en que sucedió y las idas y vueltas amorosas de su padre son otras tantas situaciones de las que ella no dio cuenta hasta el final de la entrevista, y luego, en nuestros encuentros posteriores. Antes de ingresar en la maquila, Corina estudiaba derecho, pero una crisis financiera familiar precipitó el cambio de vida. Más de un año después de su llegada a la fábrica, sigue reivindicándose como una estudiante que fue a parar allí por accidente. Aunque rehúse toda identificación con su trabajo tanto por el empleo en sí como por el espacio donde se desarrolla su actividad laboral, ella da cuenta de su presencia allí a través de la reivindicación de su pertenencia al sindicato y a los valores de solidaridad y de fidelidad que forman parte de su vida tanto dentro como fuera de la fábrica. La palabra de Corina se acompaña de una gestualidad acentuada. Su relato teatralizado es puntuado por puestas en escena y entrecortado por risas.

Antelmo tiene alrededor de 35 años. Es obrero en una fábrica estadounidense. Vive en una piecita que le presta su hermana. Su joven compañera está embarazada, pero Antelmo pretende no saber exactamente en qué estadio se encuentra el embarazo, y ella ni siquiera quiere saber cuántos hijos tiene él. Antelmo sueña con partir un día a Guatemala, y luego, una semana más tarde, regresar finalmente a Costa Rica. Después de una estadía de unos diez años en ese país, donde tenía un buen trabajo, Antelmo volvió a Nicaragua y encontró trabajo en la maquila. Visiblemente no consigue encontrar su lugar ni resolver su situación, que parece tender en extremo a la fragilidad, tanto a nivel del trabajo como de su vida privada. Se apoya, en el curso de su relato, en una visión muy individualista del hombre trabajador, siempre capaz de obtener aquello a lo que aspira si realmente lo quiere, se esfuerza y es perseverante. Poco a poco este discurso deja entrever las contradicciones que le opone la realidad. Antes de que estas se tornen demasiado visibles, amenazando así la posición adoptada, Antelmo interrumpe definitivamente la entrevista.

Araya, Yolanda y Frani, la madre y sus dos hijas gemelas. Viven las tres en un lote subdividido. Araya, en la casa que le es tan querida y que heredó de su amado padre, con su compañero y sus dos hijas menores (tuvo seis hijos cuyas edades se escalonan entre 7 y 29 años). Frani y Yolanda viven en sendas "cabañas" alzadas en el patio de la casa materna. Frani, con su marido, poco estimado, y sus tres hijos, dos niñas y un varón cuyas edades varían entre 13 y 4 años. Yolanda vive con su tercer marido, a quien ve poco, y sus tres hijos. El más grande tiene 12 años; es una fuente de preocupaciones para su madre. El segundo tiene 7 y la pequeña, 1 año. Las tres mujeres trabajan o han trabajado en la maquila desde los comienzos de los años noventa. Araya había conocido el trabajo obrero durante la Revolución. Ella es y debe ser una buena trabajadora, en cualquier circunstancia (en la fábrica bajo diferentes regímenes, en la casa, o como cuando fue estudiante). Su padre le transmitió —a ella y a sus hijos— los valores del trabajo, de la honestidad, de la dignidad y del respeto. Si sus hijas retoman para sí esos valores, es para integrarlos en sus propias representaciones. La vida, los hijos, el trabajo, los recuerdos y las proyecciones de Frani giran en torno a su conversión religiosa a los Testigos de Jehová. Yolanda se demora largamente en las dificultades familiares y en los recuerdos dolorosos de abusos padecidos en el pasado, pero no deja de ser una mujer vivaz y alegre. Entre recuerdos y familia, Yolanda ha encontrado el medio de sentirse relativamente *tranquila* en el trabajo. Estas tres mujeres, que reivindican su carácter decidido, cuando no arrebatado (asimilado, no obstante, a una debilidad culpógena por parte de Frani), han compartido su existencia, un trabajo, un lugar de vida. Cada una tiene su manera bien distinta de vivir su trabajo.

Giovana forma parte de una asociación civil de defensa de las mujeres trabajadoras. Tiene 32 años y dos hijos, que son adolescentes. Fue ella quien, harta del maltrato, abandonó al padre de los chicos. Giovana estudió contabilidad y trabajaba en la administración de una empresa que, al privatizarse con el cambio de gobierno en 1990, la despidió. Sin trabajo, en una situación económica muy precaria que no le permite responder a las necesidades de sus hijos, decide dirigirse a la zona franca, aunque ella misma nunca haya sido obrera. Las condiciones de trabajo son muy duras. Abordada por una militante de una asociación de defensa de las mujeres trabajadoras, asiste a los talleres y asume ella también ese rol. Presenta este compromiso como un acto que la liberó del miedo, pero también como un modo de liberación como mujer. Giovana ha intentado ayudar a otras obreras a defender sus derechos. Para complementar el ingreso que gana como obrera, vende cosméticos dentro de la fábrica y además trabaja llevando la contabilidad de una empresa funeraria a la que le dedica una reunión por mes. Ella es una de las pocas personas entrevistadas que vive sin pareja y con sus dos hijos a quienes transmite la importancia del esfuerzo, los impulsa y los sostiene.

Roxana vive con su familia, como muchos obreros y obreras, en la pequeña ciudad vecina de Tipitapa. Su padre es agricultor y su madre, ama de casa. Tiene ocho hermanos y hermanas, uno de los cuales trabaja en Costa Rica; los otros son demasiado jóvenes y no tienen empleo, o bien trabajan, como ella, en la maquila. Movida por una ruptura con su actual marido, dejó la fábrica y el país para marchar a Costa Rica. Esa experiencia de trabajo la marcó, ya que tuvo oportunidad de conocer otras condiciones de trabajo muy diferentes de las que ella había experimentado antes. Al cabo de tres años, decidió regresar con su compañero, que es uno de los primeros dirigentes sindicales de las maquilas y, aunque figura en una lista negra que le prohíbe el acceso al trabajo en las fábricas, continúa con su militancia como sindicalista junto con Pedro[26] y colabora con otras organizaciones de obreros para que logren constituirse como sindicatos. Al regresar, Roxana retomó el trabajo en la fábrica coreana y decidió crear un sindicato para hacer frente a las numerosas injusticias infligidas por los empleadores a los trabajadores. Si bien pudo armar la organización obrera, soporta, como los otros miembros, presiones y amenazas. Durante la entrevista se indaga sobre lo relativo a su militancia sindical y hacia el final, sobre su historia amorosa. Tiene 25 años, está a punto de terminar su bachillerato y desea aprender inglés y seguir estudiando para ser secretaria. Un año y medio después de la entrevista el sindicato todavía existe, y Roxana goza de licencia por maternidad.

Enrique y Sara: Enrique vive con su compañera Sara y las dos hijas que tienen en común en un barrio pobre próximo a la zona franca donde ambos trabajan. La casa les pertenece y están orgullosos de ello. Un día, construirán otra para sus hijas, aunque suponga mucho trabajo y sacrificios. Enrique tiene 35 años y trabaja desde que era niño. Para él, un hombre que trabaja y que no roba es un hombre digno, como se lo enseñó su padre; pero maquila y dignidad son dos cosas que muy difícilmente resulten compatibles. Enrique y Sara se apoyan e intentan, a pesar de los horarios que les impone el trabajo, que sus hijas vean al menos a uno de los padres antes de irse a dormir. En el momento de la entrevista, Enrique acababa de ser despedido de la fábrica por haber defendido a un colega, a consecuencia de lo cual Sara renunció. El encuentro, pautado inicialmente con Enrique, resultó en definitiva una entrevista con la pareja. Durante la conversación ambos comparten y trasmiten un mismo lenguaje.

Alba tiene 40 años. Se describe como una persona sin importancia, pues viene de una familia de campesinos

---

26. Secretario general de la Federación de Sindicatos del Sector Textil, Vestuario, Cuero y Calzado de la Central Sandinista de los Trabajadores.

pobres donde crecieron ella y sus siete hermanos, ninguno de los cuales pudo continuar con sus estudios (ella fue criada por su abuela). Sin embargo, Alba sí terminó la secundaria, y posteriormente cursó una formación técnica de secretariado y de contabilidad. Trabajó en una imprenta; luego, en un centro turístico, antes de encontrar trabajo en una empresa dedicada a la exportación de café. En 1990, con el cambio político, perdió su empleo. Ese año también nació su único hijo. Durante cinco años, *viene tirando como puede,* comprando frutas que luego revende. Consiguió trabajo en una empresa constructora pero el salario que percibía allí le resultaba insuficiente. Finalmente en 1997 llega a la maquila a través de un primo que ya trabajaba allí. Siente que no es ni dotada ni rápida, y que es grande ya para que le permitan continuar trabajando por mucho tiempo más. Alba vive en una pieza con su hijo. Su padre anciano, que apenas habla, tiene su propia pieza. La preocupación principal de Alba es que su hijo pasa demasiado tiempo en la calle y no asume los estudios con seriedad. Como ella no puede vigilarlo, a menudo lo manda a la casa de su hermana, que vive en mejores condiciones y que puede dedicarle más tiempo a atender al chico y no perderlo de vista. Alba cree no tener nada para decir *que valga la pena,* pero habla con lentitud y firmeza. Cada tema durante la entrevista se abordó minuciosa y largamente, ya se trate de la actividad de Alba en la fábrica y de las diferentes áreas de costura en las que se desempeñó, de los suyos, de la Iglesia evangélica a la que asiste, de su vida privada, de las maquilas en general, del sindicato, del gobierno y de la situación de su país.

Dominación y relación consigo mismo

La dominación que las maquilas ejercen a través del trabajo y de la incorporación a ese mundo es poderosa. Se ha señalado que no deja de afectar ninguna de las esferas de la existencia de los trabajadores. Obreros y obreras viven su cotidianidad y trabajan sumergidos en esta realidad. La tentación de pensar que esas existencias no tienen otro porvenir que el de ser aplastadas, oprimidas y sujetas por la dominación en todo sentido existe, y es difícil imaginar que en este contexto pueda emerger la más mínima reivindicación de cierta autonomía. Sin embargo, subsiste un problema, una grieta, una incoherencia, un corrimiento, un desfasaje, una falla a veces ínfima entre la dominación que se ejerce y la dominación que se soporta, y ese delicado intersticio se transmite en la trama de estas mismas existencias complejas.

El trabajo es penoso, la vida es dura, y trabajar y vivir resultan más bien múltiples preocupaciones y pesares de la existencia individual. Reflexionar y plantear la compleja trama que expresa la dominación no debe hacerse solamente desde ese punto de vista, ya que hasta tal punto la vivencia subjetiva de los vericuetos y sus espacios es de otro modo tanto más compleja, y también integra y expresa esta dominación. Es imposible reducir la vida vivida a la dominación soportada. Sin desconocer su poder, un análisis crítico precisa alguna distancia de lo que se llama habitualmente la dominación en tanto el poder que busca la aniquilación de aquellos que lo soportan. Aquí, no es la muerte lo que se busca; la dominación de la que se quiere dar cuenta es la que se alimenta, por el contrario, de los resortes de la vida. No es seguro, por otra parte, que —incluso en una situación de dominación totalitaria— se pueda hablar de perfecta adecuación; basta leer a Primo Levi, quien defiende encarnizadamente como último recurso su negación del consentimiento.[27]

Las actividades y las preocupaciones ordinarias que puntúan el día a día orientan los relatos de vida alejándo-

---

27. Levi, P., *Si esto es un hombre*, Barcelona, Muchnik, 2002, p. 21. La edición original en italiano fue publicada por Giulio Einaudi en Turín (reeditado en 1976). La edición francesa de este título fue publicada en 1987 en París por Julliard. En el texto francés este libro, la cita de Levi está tomada de la edición francesa mencionada y se encuentra en la p. 57.

los de las temáticas centrales de la investigación. Pero no sería conveniente desdeñar esta banal aserción sin más. Es importante tener en cuenta, en la situación de entrevista, las variables aparentemente menos valoradas, porque permitirán poner de relieve dos cuestiones importantes. La primera consiste en reconocer que en este trabajo de investigación no se entrevistó a ningún héroe ni víctima, sino a personas comunes y corrientes con preocupaciones también comunes y corrientes. La centralidad de la dominación no significa necesariamente centralidad del discurso sobre esta; y a su vez, afirmarlo tampoco significa la ausencia de una consciencia de la dominación. La segunda observación registrada en el encuentro con los actores entrevistados durante el trabajo de campo ha sido poder reconocer, en las actividades cotidianas, las inquietudes materiales, las preocupaciones de todos los días, aquello que "aparta nuestra atención continuamente"[28] del alcance fenomenal de la coerción que deben soportar. Tal vez este aspecto, sin dejar de ser evidente, fue más notorio cuando se entrevistaron a trabajadoras mujeres, quienes también son muy demandadas en cada uno de los otros espacios de su existencia. Esta cuestión le da más visibilidad a la trama de la dominación y el modo en que es vivida atestigua la complejidad en la organización cotidiana de la labor doméstica y el trabajo fabril.

En la enunciación de la obrera, cuando se la convida a hablar de ella misma, de su trabajo y de su historia, las preocupaciones de cada día ocupan un lugar importante; pero este aspecto (que podría ser considerado central en tanto definición de los modos de la dominación sobre quienes la padecen) integra un discurso más complejo que alberga numerosos elementos para enriquecer la reflexión sobre las relaciones de dominación. Así, en la palabra de una mujer obrera se dicen vivencias, enmarañamientos de

---

28. *Ibid.*, p. 18

la vida, representaciones de sí misma elaboradas a pesar de todas las restricciones. Cada sujeto sostiene una sorda lucha, la de intentar construirse un sí mismo y reconocerse protagonista o al menos un sujeto íntegro inmerso en esta situación de dominación. Se trata menos de una voluntad heroica que de una necesidad vital: ¿cómo asumir sin más la propia derrota? Reconocerse en la situación que se le impone y no ser completamente desbordado por la inseguridad y la fragilidad de su trabajo y su vida es antes que nada reconocerse a sí mismo en el contexto. Los condicionamientos no son menores y atraviesan las posiciones que respecto de ellos hayan sido adoptadas por los trabajadores. Estas, manifestadas aquí por medio del lenguaje, develan la necesidad de poder narrarse de manera coherente a pesar de todo lo que padecen.

Hay diferentes maneras de contar vivencias para hablar de sí mismos en este trabajo; hay distintos modos de contarse por medio de historias y de hablar así del propio trabajo. La riqueza de los relatos obreros deja traslucir la voluntad o la necesidad de preservarse como sujeto, de sostener la existencia de una coherencia del discurso que pasa, por la fuerza si es preciso, por una coherencia de sí, a menos que sea a la inversa, una coherencia del discurso que se supone puede sostener una coherencia de sí y de la propia manera de ser (coherencia que puede ser transmitida y comprendida por el investigador). En el caso estudiado, la situación de trabajo en la maquila, por su precariedad, por las condiciones físicas y humanas del trabajo y por la negación casi absoluta del trabajador, vuelve particularmente difíciles la construcción y la preservación de tal coherencia, a la par que se profundiza la idea o la convicción generalizada de que no existe alternativa alguna a la maquila como fuente de empleo.

Las contradicciones entre la necesidad de preservar una imagen de sí y las condiciones generales de existencia en las que se hallan insertos los trabajadores son múltiples y por demás reales. Hay que construir una coherencia en un lugar que la niega o la desafía, donde los obstáculos son numerosos y las posibilidades de evasión, casi nulas. Hay que apropiarse, redibujar, convertir o cubrir esas contradicciones. El costo de este trabajo permanente pero lábil de ajuste (real o que, por lo menos, debe ser percibido como tal) con la realidad, que estas contradicciones ponen en evidencia, puede ser muy elevado para el trabajador. Este ajuste es costoso, pero permitir la más mínima brecha equivale a dejar que se agriete el precario edificio. La tentativa de preservar el respeto por uno mismo, de trazar el propio camino manteniendo la integridad, es particularmente vital en situaciones de adversidad e impunidad. La puesta en palabras —el relato— que es un modo de objetivación, de afirmación de sí, integra —al mismo tiempo que las hace visibles— las estrategias de construcción de la coherencia a pesar de las contradicciones. Ello implica la posibilidad de resolver (apropiándoselas y rediseñándolas) esas contradicciones y, al mismo tiempo, poder recurrir estrategias (en los hechos y en el discurso) para esquivarlas. Si tal no es el caso, la objetivación deja en evidencia la fisura entre uno (la imagen necesaria que se tiene de sí) y la realidad vivida; el sufrimiento que nace de ello puede ser destructivo. La construcción del relato toma, a veces, el aspecto de una lucha de la cual los encuestados no pueden correr el riesgo de salir perdedores, pues se trata de defender una cierta idea de ellos mismos. Cuando Antelmo se debate para controlar fractura que se profundiza día a día, entre su discurso y las realidades que este expone, sacar a la luz tales incoherencias habría sido *suicida*. Antelmo prefiere callar y se rehúsa a continuar la entrevista.

Así, las estrategias de rodeo de las contradicciones, siempre tan vitales, están en la base de la construcción de una forma de coherencia que, más allá del hecho de sostener la asistencia cotidiana al trabajo en la fábrica, se inserta en una conducta humana, en una *preocupación* más vasta que permite el ser uno mismo y el protagonista de la propia vida. Y dejar, para el sujeto, una huella incluso allí donde la tinta no puede retenerla; decir *soy yo el que elige,* incluso aunque se sepa que no hay otras opciones posibles. No podemos sino suscribir la proposición de Cottereau cuando escribe:

> No existe grado cero de la insumisión, más allá del cual se hallaría un momento de ruptura o de revuelta. No hay línea de demarcación entre una masa supuestamente pasiva y unas minorías que actúan. [La coherencia de las prácticas] de la vida doméstica se encuentra en el conjunto de la vida cotidiana: *cada una de las maneras de enfrentar un destino de trabajador comporta una parte de resignación, una parte de deriva y una de rechazo de la condición de obrero o de obrera.*[29]

Y para decir, para reivindicar *que no se diga que yo soy aquí este esclavo,* como lo escribe Verret,[30] una vez más hay que ubicarse en un espacio muy restringido donde sea bueno subrayar que uno todavía es alguien, lo cual es también rodear, encontrar la posición *menos dolorosa* frente a esas restricciones. Hacer malabarismos con esos puntos en los que el poder se ejerce no es anular el poder ni sus fuentes, lo cual plantea al sujeto preguntas por la posición adoptada (aun reivindicativa) y de las situaciones experimentadas de dominación que no cesan, empero, de existir.

Todo sujeto está ligado a los múltiples estímulos que lo provocan, a los ajustes que se impone y a la constitución de su ser interior a partir de la realidad vivida. La relación con el trabajo —trabajo que, a la vez que condiciona, mantiene en la inseguridad, permite vivir; pero también el trabajo como valor[31]—, ya sea omnipresente o eludido, toma parte

29. Cottereau, A., "Introduction à l'ouvrage de Denis Poulot", en Denis Poulot, *Question sociale. Le sublime ou le travailler comme il est en 1870 et ce qu'il peutêtre,* París, François Maspero, 1980, p. 40 (el destacado pertenece al autor).

30. Verret, M., *La culture ouvrière,* París, L'Harmattan, 1996, p. 29.

31. El trabajo se aplica a múltiples realidades. Puede tratarse del trabajo en la maquila; de las condiciones laborales o de las relaciones que se establecen allí; del trabajo obrero como ausencia de trabajo profesional (Frani); del trabajo como conjunto de valores, incluso como valor en sí mismo (Enrique, Araya, Antelmo); del trabajo como condición de existencia (salario) o consustancial al

en el proceso de constitución de sí. Incluso cuando esta relación se acalla, impone la necesidad de situarse en relación con él y con la dependencia que esta relación implica. Esta dependencia misma será resignificada a partir de la relación consigo mismo que se presente en el relato. La coherencia de sí, frente a la realidad del trabajo en la maquila, a los ritmos y a las presiones dispersas de la vida, representa un trabajo permanente, costoso y frágil, que a veces se efectúa sin que el sujeto lo sepa, y atravesado de contradicciones que requieren ser controladas. El trabajo es, en el caso estudiado, un factor de inseguridad y de sufrimiento; pero no es posible cargar constantemente el peso de este padecer que desestructura. Porque hay que vivir, vivir el día a día que la labor permite y vivir consigo mismo, lo cual significa vivir en constante riesgo de desequilibrarse. El trabajo, por lo tanto, es un elemento central en el proceso de producción cotidiana de los sujetos que dependen de él.

Podría pensarse que cuanto más fuerte es la coerción más alienado el ser, más ajeno se vuelve a sí mismo y a su cualidad de ser humano dotado de reflexión, de consciencia y de capacidad crítica (tema que será retomado más adelante). Hemos presentado ya la idea según la cual los sujetos, inmersos en una situación de suma restricción que además tiene el poder suficiente como para amenazar su equilibrio psíquico, ofrecen una visión necesariamente atrofiada de la realidad. Puede ser el resultado de una construcción colectiva, compartida por el conjunto de la población obrera, como desplazamiento de parámetros entre aquello que corresponde a lo justo y lo injusto, lo que es normal y lo que no lo es; más puntualmente, esa construcción ayuda

---

hombre (Antelmo); del trabajo como lugar en el que uno se prueba en tanto que un "sí mismo" diferente del trabajador (Frani, Giovana, Corina); del trabajo que refuerza el sentimiento de anonimato (Alba); del trabajo por el salario y la supervivencia de la familia. Cualquiera sea la forma y el sentido que tome esa centralidad, no encontramos "el epicentro de la estructuración individual", para retomar la expresión de Cabanes, R. *Op. cit.*, p. 10.

a acomodar la representación que cada uno se hace de la existencia, del mundo en el que se encuentra y de sí mismo. Esta visión atrofiada de la realidad —o visión subjetiva defensiva de la realidad— corresponde más a una manera de protegerse para poder existir, en un medio extremadamente duro. Involucra elementos necesarios a la construcción de sí mismo y una coherencia de la propia vida cotidiana, mientras que "la lucha por dominar el conjunto de los ritmos de la vida se opone a presiones en orden disperso, y a menudo contradictorias".[32] *Ser uno* no es ser sistemáticamente uno *contra* las dominaciones cuyos efectos alienantes se soportan (que lo vuelven a uno ajeno a sí mismo), sino ser uno a pesar de esas dominaciones. Para algunos, es necesario tener consciencia de la explotación para encontrar una posición frente a ellas: si la alienación protege de la destrucción, la lucidez puede desempeñar el mismo papel. El problema no reside tanto en el grado de consciencia que se tenga de la dominación soportada y de sus efectos —nadie necesita ser esclarecido sobre las dificultades diarias de los salarios escasos, la imposibilidad de tomar vacaciones, la protección insuficiente para los niños— como en la posibilidad de no estar sumergido en un condicionamiento total, de no ser prisionero de la sumisión o de poder construirse y reconstruirse a pesar de la dominación. Incluso si ello implica definir de otra manera la realidad, resignificarla.

Por cierto, restricción y dominación apelan a estrategias complejas, que no precisan un combate frontal, sino que conducen más bien a la afirmación de una manera de ser y de una relación con aquel que se es (maneras de ser que pueden tener algunos aspectos visiblemente defensivos). Despertarse muy temprano en la mañana ya con cansancio, realizar las tareas domésticas, despertar a los niños

---

32. "[Así], la coherencia de la vida cotidiana es todavía más difícil de descifrar que la mera vida en el trabajo" (Cottereau, A., "Introduction à l'ouvrage de Denis Poulot", en Denis Poulot, *Question sociale. Le sublime ou le travailleur tel qu'il est en 1870 et ce qu'il peut être, Op. cit.*, p. 82).

y ocuparse de ellos; enfrentar durante más de diez horas una labor embrutecedora, una posición corporal que puede causar dolor, la comida insuficiente y ni un momento de distensión; ruido, gritos, eventuales discusiones con algún compañero y las recriminaciones —a menudo imprevisibles— de un supervisor; el riesgo de ser humillada; y luego volver a casa, más fatigada aún, tarde, enfrentar otra vez las tensiones con el marido o la suegra, ocuparse de los chicos, de la comida y de la casa antes de derrumbarse sobre la cama buscando unas pocas horas de reposo, apenas el tiempo que permita recuperar las fuerzas necesarias para comenzar una jornada similar a la mañana siguiente... Este ritmo de vida agotador puede resultar embrutecedor, y las tensiones que se arrastran de la fábrica a la casa hacen que la cuestión central ya no sea la ausencia, la existencia o la necesidad de una toma de consciencia. ¿Es posible hablar de una falta de toma de consciencia en el caso de una obrera que se defiende doblemente todos los días de los condicionamientos que se le imponen en la fábrica y en el hogar? "¿Dónde situar la toma de consciencia de verdadero Sublime capaz de defender mejor sus condiciones de vida mediante la resistencia individual a través de 'formas de defensa colectiva'?"[33] ¿Dónde situarla efectivamente?

La persistencia de la dominación no debe buscarse en la ausencia o presencia de la toma de consciencia. La ausencia de perspectivas individuales y colectivas, las necesidades inmediatas, el trabajo de sí en tanto que sujeto que soporta

---

33. *Ibid.,* p. 41. *Sublimes* era el modo en que se hacían llamar los obreros libertarios franceses del siglo XIX, muy calificados, celosos de su independencia y reacios a toda forma de autoridad (laboral, familiar, institucional). Desarrollaban diversas formas de resistencia en el trabajo: dejar de trabajar una vez que estimaban haber juntado suficiente dinero, cambiar de lugar y de fábrica, aprovechando sus conocimientos técnicos para manipular y engañar a la jerarquía. Se los asocia (inclusive en las definiciones actuales de los diccionarios) a la borrachera y el derroche y representan la contracara del obrero ahorrador, sobrio y disciplinado. Su desaparición se produjo con la legalización de los sindicatos a fines del siglo XIX.

la dominación son algunos de los elementos a tomar en la reflexión sobre las relaciones de dominación. Es que el sentimiento mismo de revuelta es algo que agota y que se agota, salvo que proporcione las fuerzas para continuar y para poder abandonarse trabajando, olvidar las horas a las que se les va dando muerte: la revuelta que se vuelve contra sí misma para darle más duro al trabajo.

> Trabajo de ebriedad, trabajo de olvido, de ningún modo la bella armonía de una inteligencia servida por una mano hábil; otra figura del frenesí babilonio, que tampoco reparte las horas de trabajo y las horas de orgía, sino que divide cada hora por los contratiempos de la anticipación y de la reminiscencia, del olvido productivo y de la fantasía improductiva.[34]

Y el trabajo, por su parte, se hace. El empeño en producir siempre más a pesar de los propios límites, en superarse, porque uno lo decide y decide no ser solamente un receptor pasivo. No es celo servil, sino empeño en hacer, superposición que ofrecerá tal vez algún espacio de libertad, un día de pereza por el que no será condenada.

Yolanda se calza los auriculares del walkman en las orejas, ya no piensa en sus problemas de familia, ya no oye a aquellos que la rodean, produce tanto como puede, movida por los hilos invisibles del salario por rendimiento y de la dependencia de ese trabajo, por la elección de la escuela privada para sus hijos y por la certeza de ser una buena trabajadora. Y producir, alcanzar un buen ritmo, la distrae del tedio mortal que entumece sus miembros y su espíritu. El trabajo ofrece sus propias distracciones. Los colegas de Araya se burlan de la energía que ella invierte en producir siempre más. *¿Qué voy a hacer?* —pregunta ella—. *Si estoy aquí, más vale que trabaje.* Trabajar menos no modifica ni

---

34. Rancière, J., *La nuit des prolétaires*, París, Hachette, col. Pluriel, 2005, p. 71 [trad. esp.: *La noche de los proletarios*, traducción de Enrique Biondini y Emilio Bernini, Buenos Aires, Tinta Limón Ediciones, 2010, p. 93].

la dominación ni las condiciones a las que está sometida; trabajar conscientemente responde a la imagen que tiene de sí misma, la reconforta en sus valores, y cambia sustancialmente su salario. Paradójicamente, ello le permite medirse con la obligación de estar allí, guardar un poco de distancia, no sentirse invadida y atrapada en las redes de la dominación.

> Sin embargo, no es la consciencia de la explotación lo que va a detener la mecánica productiva. Para quien sabe su existencia vendida, no importa en última instancia disputar sobre los beneficios del comprador. Entonces, no es la revuelta del trabajador explotado sino la cólera del pensamiento abandonado lo que viene a frenar los movimientos del cuerpo afirmando su derecho,[35]

el pensamiento abandonado de un país abandonado por ese algo inalcanzable e irreversible, la coyuntura, la globalización o la historia que, cualquiera sea su denominación, no deja ninguna opción.

Una cosa es saber y poder decir que es injusta una dominación, y otra muy distinta es tener de ello todos los días una experiencia íntima, menos de la injusticia flagrante que de un cuerpo y un espíritu que se anquilosan. Frente al pensamiento abandonado, al cuerpo magullado y tan rápidamente envejecido, a la ausencia de solidaridades en las que ya no se piensa en participar (abandonadas, ellas también), hay un sujeto en busca de su propia coherencia, que se produce al producir conductas y manera de pensar en las relaciones —y las relaciones de sumisión— que lo ligan al mundo. Confrontado, por una parte, con las restricciones que lo afectan de distintas maneras y, por otra, con sus propios deseos, el sujeto se modela, se produce, conoce momentos de placidez y de consolidación.

---

35. *Ibid.*, p. 74 [trad. esp.: *ibid.*, p. 97].

El cuerpo sexuado, el marco social con su lengua, su cultura material, su organización social, los padres (es decir, un espacio genealógico instituido): son precisamente esos condicionamientos y no su ausencia los que resultan subjetivantes (y no su ausencia, por cierto) en la medida en que estructuran el deseo, le ponen límites, y lo arrancan de la indiferenciación.[36]

Y son muy diversos los modos de condicionamiento, ligados a distintos modos de dominación que se articulan entre ellos, participando de la producción de esas subjetividades que manifiestan (¿paradójicamente?) la inquietud de afirmarse.

Relación consigo mismo y producción de sujetos

Es en este contexto complejo y brutalmente constreñido donde se desarrolla, en parte, el proceso de constitución de los sujetos trabajadores. En el curso de los relatos compartidos, se presentan sujetos en lucha por su propia preservación, la preservación de una relación consigo que debe burlarse de la coerción para existir. La relación consigo, como preocupación apremiante y vital por construir, cueste lo que cueste, una cierta estabilidad, ha surgido, con mayor o menor fuerza, en cada una de las entrevistas realizadas. En el curso de esta interacción, el sujeto elabora un discurso que le permita mostrarse como si fuese un sujeto globalmente coherente y racional, cuyas actitudes y maneras de ser pueden ser comprendidas, incluso compartidas, por otro individuo (la investigadora). Momento importante del reconocimiento de sí por parte de un otro. Pero eso no es suficiente, el sujeto debe ante todo ser coherente y racional a sus ojos, para la mirada que cierne sobre él mismo con respecto a sus actos y sus decisiones, pero también con respecto a sus valores, su moral, sus concepciones del bien y del mal, de lo justo y lo injusto, de la dignidad. Así, no

---

36. J.-P. Warnier, en Bayart, J.-F. y Warnier, J.-P., *Matière à politique. Le pouvoir, les corps et les choses*, París, Karmatha, 2004, p. 24.

basta aquí con comprender que el sujeto debe ser coherente y racional en el sentido restringido y simplista de una intención objetiva a lograr, sino que debe percibirse como si actuara de manera subjetivamente coherente y racional en el contexto en que vive. Esta idea implica que sus acciones pueden parecer incoherentes e irracionales a los ojos de otros, mientras que la mirada que estos otros le dirigen es necesaria para el reconocimiento y la afirmación de sí. Esta es una tensión no menor, puesto que corresponde al imposible respeto de los propios valores y la propia dignidad en tanto que tales, y por ende, al respeto de sí, en una situación que no lo permite.

Para el sujeto atravesado por los condicionamientos que se han descrito y que lo hacen vulnerable, la construcción de una imagen de sí mismo que le resulte tolerable no corresponde a una simple opción sino a una necesidad absoluta, a punto tal que depende y se inscribe en una realidad cotidiana que lo violenta. La inquietud que suscita la relación consigo es tanto más sensible cuanto, sujeto desprovisto de la posibilidad de contar con apoyos reales de autonomía y de independencia,[37] la imagen o la idea que se hace de sí mismo puede resultar extremadamente precaria y requerir sucesivos reajustes que le permitan no traicionar a ese yo a partir del cual quiere reconocerse o ser reconocido, a riesgo de padecer conflictos internos demasiado costosos. Por ello, la constitución de esta relación posible consigo mismo es en parte consciente y en parte inconsciente, pues, si fuese totalmente controlada, sería insostenible. Implicaría en primer lugar dirigir una mirada constante sobre sí, y luego gestionar sin descanso el dilema que separa al sujeto en construcción de las posibilidades reales de constituirse de acuerdo a los valores que sostiene. Seme-

---

37. Castel, R., en Castel, R. y Haroche, Cl., *Propriété privée, propriété sociale, propriété de soi*, París, Fayard, 2001.

jante trabajo sería extenuante y probablemente estaría condenado al fracaso.

La producción subjetiva de una relación consigo mismo que permita perseverar y subsistir en este medio es un proceso permanente, dinámico, que se remodela a partir de los elementos que provienen del exterior con el propósito de lograr mantener la necesaria coherencia de sí. Este control puede ser real o ilusorio, apoyarse en anclajes seguros o en arenas movedizas, pero lo más importante es no perderlo. Así, para llevar a buen puerto esta frágil construcción, indispensable para la preservación de sí, sin dejar de participar en el trabajo que se impone, con sus numerosos obstáculos y su clima ansiógeno, el sujeto recurre a numerosas estrategias para adaptar la realidad a la mirada que puede cernir sobre ella y a la consciencia que le permita mantener su propia postura. Es a partir de este principio como es posible comprender los razonamientos confusos y rebuscados que podrían parecer de lo más sorprendentes y un tanto ilógicos a cualquier visitante ajeno a este medio.

Los desplazamientos mencionados pueden dar lugar a fenómenos de normalización que involucran al conjunto de los actores de la fábrica. La supervisora Irisa, por ejemplo, en la imposibilidad de hacer coexistir una bondad que ella querría ver reconocida por las obreras y la ejecución de sus órdenes, termina por inscribir en el registro de lo anormal la negativa de las mujeres a realizar horas extras después del tiempo reglamentario de trabajo y, en el registro de lo normal, el hecho de que algunas se queden toda la noche en sus puestos después de una jornada de trabajo cuando la dirección lo exige. Por regla general, las obreras, confrontadas con la brutalidad de sus superiores, reconocen que se quedarían de mejor gana si el requerimiento fuese formulado con cortesía. El término *normal*, para puntuar y calificar situaciones de trabajo (incluso cuando son denunciadas, como si el lenguaje llevara ya en su seno las huellas de este proceso de normalización), abunda: *trabajar hasta 19 o 22 horas es normal; trabajar normal sin levantarse ni ir al baño; trabajar normalmente y ganar más plata en lugar de tomar vacaciones.* La situación de vida y los condicionamientos, incluso siendo injustos, se convierten así en lo que define la normalidad, y no la distancia con la regla compartida por todos. Visto desde países desarrollados, este proceso también funciona así, y se lo define como situaciones que, aun siendo muy tristes, se consideran normales *para aquellos.*

Del análisis de las entrevistas, de los contextos de intercambio y de las actitudes de los entrevistados, es posible destacar algunos aspectos de aquello que se denominará aquí *inquietud de sí,* sostén del proceso de construcción de la coherencia que permite mantenerse íntegro a los propios ojos estando expuesto a las condiciones descritas. Sobre el telón de fondo de la inestabilidad propia del medio en el que vive, el sujeto se apoya en una definición de sí mismo que tiene sentido para él, sin por ello conseguir cristalizarse definitivamente. Es un proceso permanente sometido a adaptaciones y readaptaciones, a refuerzos o desplazamientos, con el concurso de los otros (trabajadores, familia, amigos) en la medida en que estos no traicionen la grieta, la brecha o la falla. Este proceso es acompañado por reglas de conducta que el sujeto se impone, que tienen sentido para él, se integran y sirven para sostener el discurso que mantiene sobre sí. Estas reglas de conducta determinan el posicionamiento del sujeto en tanto le permiten elaborar estrategias para no apartarse demasiado, o de manera demasiado visible, de la imagen que construye de sí mismo. Estas acciones, estas conductas de vida, cuando no aparecen en las entrevistas, es posible reconstituirlas. Entre unas y otras, las acciones concretas y la conducta —o las conductas— de vida, el sujeto opera ajustes con el fin de cubrir aquello que podría agrietar su vulnerable construcción. Ajustes para ser él mismo, donde sea y en cualquier momento. Para reconocerse trabajadora, combativa, o solidaria, hay que serlo, o poder decirse tal, transversalmente a las actividades o a los lugares donde se desarrolla la propia vida. La imagen de sí debe ser constantemente reforzada, pero eso sería imposible si hubiese que superponer y hacer cohabitar maneras de ser demasiado contradictorias; decirse trabajadora, por ejemplo, y a la vez percibirse perezosa y vaga.

La inquietud de sí demanda una atención sostenida y apremiante, aunque no necesariamente consciente, explícita y reivindicativa. Como las obreras no pueden permitirse perder el ritmo de trabajo y continúan con el mismo ritmo frenético los fines de semana, en que hasta el reposo está dosificado, no pueden relajar más la atención que se prestan a sí mismas y que *in fine* les permite protegerse. Así, el proceso de constitución de sí atraviesa las vivencias según dos ejes: de manera diacrónica, pese a posibles ajustes, a veces brutales, se constituye en la duración, abreva en los elementos transmitidos por los otros, en particular por el medio familiar, en el curso de su existencia, y se extiende en un tiempo que puede ser el tiempo de vida; y, de manera sincrónica, que implica al conjunto de los ámbitos de pertenencia del sujeto. Con esto podría decirse, de un modo mucho más banal, que el ser humano se constituye en la duración, la cual prolonga y se prolonga en el tiempo de los otros, y en el conjunto de los espacios que ocupa, y que, para poder ser captado, no puede ser trozado. Conviene insistir sobre el hecho de que tanto la constitución de una imagen de sí como la percepción de lo que es necesario para alcanzarla son constructos sociales, culturales e históricos cuya presencia y significación dependen de relaciones de fuerza y de los apoyos disponibles.

La inquietud de sí, tan difícil de consolidar, se constituye o se reivindica alrededor de una manera de ser y de moverse en el mundo. La constitución de la relación consigo mismo implica posturas morales y conductas de vida, propuestas o prescritas en el seno de la cultura común, que serán tanto más fuertes cuanto puedan ser reconocidas, e incluso compartidas, por los otros (trabajadores, vecinos, familia, comunidad). El grupo es importante para tranquilizar a todo sujeto, ya sea individual o colectivo, sobre la justeza de su percepción y de sus valores. Como se ejemplifica en el desplazamiento de los parámetros de la normalidad, el mismo debe ser realizado por todos para estar en conformidad con una cierta visión de la realidad vivida.

Para reconocerse buena compañera, solidaria, buena trabajadora, buena creyente, etc., la actitud individual no basta. También es necesario verse en los otros, a través de los otros, por la imagen que ellos devuelven al sujeto a partir de los valores reconocidos por todos. Tomados de los valores y las instituciones universales presentes en la cultura capitalista moderna occidental, términos tales como dignidad, bien y mal, esfuerzo y disciplina, trabajo, matrimonio o religión resuenan en las entrevistas como otros tantos elementos que resultan útiles para definirse. Así, si la preocupación por transmitir (por vivir) una coherencia de sí —dando prueba de una racionalidad subjetiva que pueda ser compartida con los otros— consigue realizarse con o gracias a una consciencia reducida que limita los efectos del sufrimiento, ella no se realiza en un vacío moral: al contrario, está habitada por la potencia de una conducta moral que corresponde a un sujeto moral que es observado. Es posible preguntarse, por otra parte, si estos dos fenómenos (reducción de la consciencia y exacerbación de una postura moral) están ligados, en tanto que la postura moral protege del sufrimiento confiriendo sentido a la presencia del obrero. Es justamente en un espacio que afecta las posibilidades de respetar los propios valores y de estar en concordancia consigo mismo donde se erige un sujeto que se instituye en tanto que sujeto moral, y que deberá llegar a un pacto con la realidad vivida para responder a esa imagen. Con ello, si el poder juega plenamente su rol al participar en la constitución subjetiva de los seres que están sometidos a él y que no pueden escapar a él, estos, en su lucha por existir en tanto que sujetos, buscan constituirse desviándose no de él, lo que sería imposible, sino de la realidad de su potencia. La idea de ausencia de opciones parece; sin embargo, consolidar la dominación, bajo su forma más brutal, es desplazada del punto de mira del sujeto que pena por construir defensas que le permitan soportar el embate y resistir a los riesgos de desequilibrio emocional.

En definitiva, se trata de lo que Foucault calificaba mediante los términos inquietud de sí y moral. No están ligados, aquí, a elementos de una ascesis entendida como deseo de la voluntad de tender hacia un ideal de perfección moral, de creación artística o intelectual,[38] aun cuando no sea posible eliminar toda forma de ascesis de las relaciones de la obrera consigo misma, con las restricciones, con sus vivencias, con la inquietud de sí y con una coherencia de sí. La "meditación", es cierto, rara vez encuentra su lugar, aunque más no sea porque para hacerlo se requiere disponer de tiempo. Al pensar en el conjunto de los obreros entrevistados, si el sujeto reconstruye —y vive— su historia o sus historias con la preocupación vital por la coherencia que asegure su equilibrio, el investigador encuentra los hilos conductores de la reconstrucción de las acciones y de los posicionamientos.

Estos posicionamientos no excluyen sistemáticamente la crítica o la lucidez, pueden incluso construirse alrededor de estas últimas, sin poder no obstante escapar a la ausencia de opciones y a la condición precaria. Por el contrario, la ausencia de opciones y las condiciones adversas atraviesan la construcción de sí que se sitúa en relación con ellas. Porque Corina es crítica es que puede decirse luchadora y combatir por más justicia; gracias a que Yolanda tiene una actitud similar, una vez reconocidas las condiciones adversas que padece, puede alejarse de ellas para preocuparse por los suyos. Pero demasiada lucidez puede también resultar destructiva. No existe un manual de uso que ayude a cada uno a situarse en relación con la realidad. Por otra parte, la mirada más o menos avisada no pone necesariamente en cuestión el trabajo que, de todos modos, se hace y, como ya se ha dicho, puede hacerse con tanto

---

38. Según la definición hallada en la versión digital del *Trésor de la langue française, op. cit.*

más empeño cuanto —medio de coerción por excelencia— es asimismo lo que permite escapar al tedio que nace de la absurdidad de su cadencia. Así, Araya, dondequiera que esté, cualesquiera sean el régimen instaurado y su propia situación, se muestra y se demuestra trabajadora, con los valores de orgullo, dignidad, seriedad que el trabajo implica a sus ojos. Si los directivos no saben respetar su parte en el contrato (respeto por el trabajador, por las condiciones que acompañan su trabajo y por su salario), Araya, por su parte, respetará su estatuto de buena trabajadora y, así, se respetará a sí misma. Pero Araya no es únicamente *buena trabajadora* porque su contrato y su voluntad se lo exijan: Araya es *buena trabajadora* en la fábrica (y está dispuesta a defender esta pertenencia, contra los patrones si fuera necesario); en la casa, donde las tareas deber ser realizadas a la perfección, e incluso cuando, adulta joven, había retomado sus estudios hasta llegar a la universidad. Con la vejez vendrá el reposo, que es la recompensa merecida del trabajador benemérito. Del mismo modo, Frani se esfuerza, luego de su conversión, por ser una buena testigo de Jehová; su vida entera gira alrededor de esta aspiración y de los valores de respeto, paciencia, comprensión y escucha que según ella le están asociados. La responsabilidad, el respeto, la disciplina, o incluso la solidaridad, asociados al trabajo, se acomodan perfectamente a la conducta de vida adoptada. Y su propia familia debe proceder igual. La inquietud de sí que expresa Giovana puede asimilársele. Ella entró en la asociación de defensa de las trabajadoras como se entra en la religión: primero, a través de una revelación, a la que le seguirá una conversión, que está en el origen de su nueva vida de obrera y de mujer liberada por la Asociación y dispuesta hoy a liberar a otras mujeres y a transmitirles la verdad, durante la semana o los domingos. Su fe, su rigor y la firmeza de su conducta general son del mismo orden. Aprendió a dejar de dirigirse a sus hijos a los gritos, y en cambio los escucha y los cría en el respeto (especialmente al no imponerles un padrastro), el sacrificio y la dignidad.

Podríamos seguir: Corina o Roxana y la actitud solidaria y combativa del militante con coraje; Enrique y Sara y la búsqueda de una vida de honestos trabajadores y padres, que puedan reconocerse como tales entre la fábrica que no lo permite y la vida familiar que lo padece, etc. Cada postura de vida a la que los actores dirijan su mirada es acompañada por acciones, discursos, actitudes que la sostienen y la consolidan taponando las grietas demasiado amenazadoras.

La inquietud de sí atraviesa la existencia y la construcción del sujeto coherente que es presentado tanto al otro (entrevistador) como a sí mismo. Si uno considera de más cerca la definición sucinta y preliminar que da Foucault cuando aborda la hermenéutica del sujeto, encuentra allí elementos comunes: la inquietud de sí designa una actitud, una mirada y acciones. Una actitud general hacia sí mismo, los otros y el mundo. Una mirada desde el exterior hacia sí mismo. Esta mirada implica una transformación, aquella que no cesa de establecerse en esta relación consigo que no es contemplación (o no solamente), sino condición de existencia. Esta mirada sobre sí puede ser sesgada, a tal punto son poderosos los condicionamientos; puede ser demasiado cruda, es peligrosa para aquel que se mira. Las acciones son, como las técnicas de mediación y los exámenes de consciencia, acciones de sí sobre sí. Las acciones sobre sí son igualmente las acciones de un sí mismo sobre el cual se ejercen las acciones del poder (sobre sí mismo y sobre su entorno, produciendo precisamente así al sujeto y el entorno).

La noción de *épiméleia* implica, por último, un corpus que define una manera de ser, una actitud, formas de reflexión de un tipo determinado de tal modo que, dadas sus características específicas, convierten a esta noción en un fenómeno de capital importancia, no solo en la historia de las representaciones, sino también en la historia misma de la subjetividad, o, si se prefiere, en la historia de las prácticas de la subjetividad.[39]

Maneras de ser, actitudes, formas de reflexión, prácticas y prácticas de la subjetividad condicionadas por las formas alienantes de la incorporación al trabajo y trabajadas por el sujeto confrontado a ellas. Para preservarse pudiendo reconocerse, a sí mismo, en la acción y la actitud del sujeto en movimiento —preservarse por la mediación de este reconocimiento—, el sujeto apela a un cierto número de valores y de posicionamientos que están, ellos mismos, social e históricamente construidos. Estos valores no son simplemente reconocidos, adoptados, interiorizados y aplicados o reivindicados. Los elementos de moral juegan un rol importante en la constitución o reconstitución de sí mismo en la situación atravesada, ofreciendo el sostén de principios que son también parámetros (cuyo valor positivo ya no hay que defender) a partir de los cuales puede desarrollarse el movimiento de autoconstitución.

La inquietud de sí puede asimilarse así a una moral de sí, cuya construcción apunta a la preservación y la existencia de ese sí mismo. La moral de sí es una inquietud vital. Uno se crea en tanto que sujeto portador de valores y de una disciplina asociada. Ello se traduce concretamente en maneras de ser, en prácticas y en discursos que permiten reconocerse y aprobarse. Abundamos aquí en el sentido de Foucault, que subraya que diversos objetos se esconden detrás del ambiguo término moral, y distingue en ese sentido el código moral, la moralidad de los comportamientos y la "constitución del sujeto moral de la acción".[40] En el marco de este trabajo se trata menos, pues, de entender por moral

---

39. Foucault, M., *L'herméneutique du sujet: cours au Collège* de France (1981-1982), París, Le Seuil, 2001, p. 13 [trad. esp.: *La hermenéutica del sujeto*, traducción de Fernando Álvarez Uría, Madrid, Ediciones de la Piqueta, 1994, pp. 35 y 36].

40. Foucault, M., *Histoire de la sexualité*, t. 2: *L'usage des plaisirs*, París, Gallimard, 2001, pp. 36-45.

una serie de reglas y de valores propuestos a los sujetos por intermedio de instituciones prescriptivas, tales como la familia, la escuela o la Iglesia, que de reflexionar sobre las circunstancias en las cuales ellos son captados y retrabajados en el movimiento de constitución de sí. La moral así entendida (conjunto de códigos y de valores) juega un papel importante en la constitución del sujeto inserto en la realidad estudiada: en particular, hemos podido observarlo en los sujetos que se *convierten,* ya sea a una religión (en general los llamados "nuevos protestantismos", donde la importancia de la comunidad y del respeto por las prácticas estructura el día a día de los fieles) o bien a una organización a la que se asocia una postura de vida modelo a seguir y considerada verdadera . Estos códigos y valores pueden ser distinguidos, y la relación con ellos puede ser estudiada (el comportamiento de los individuos en sus relaciones con los códigos de conducta prescritos es otro aspecto de la moral). La moral a la que nos referimos se distingue de la descripción anterior en dos puntos: no se hace referencia a conjuntos específicos y específicamente construidos de códigos, sino a valores, a veces disparatados, que los sujetos pueden tomar para sí y retrabajar en su entorno social (en particular en el trabajo) y familiar; más que estos valores, son no solo las recomposiciones y recombinaciones las que interesan a la investigación, sino también su apropiación por parte del sujeto que se constituye, donde el núcleo de esa constitución es la de un sujeto que quiere reconocerse sujeto moral de su acción, a pesar de la inestabilidad y de la restricción en que vive.

El sujeto, a través del sostén en estos elementos de moral, se constituye como sujeto de acción y de conducta, como manera de ser que adquiere más valor que el estricto respeto de las reglas prescritas. Estas maneras de ser, variadas, están ligadas a procesos de subjetivación atravesados por reglas morales y por poderes coercitivos (las reglas morales mismas están constituidas y son constitutivas de poder).

Toda acción moral, es cierto, comporta una relación con lo real donde ella se efectúa y una relación con el código al que se refiere; pero implica también una cierta relación consigo mismo; esta no es simplemente "consciencia de sí", sino constitución de sí como "sujeto moral", en la que el individuo circunscribe la parte de sí mismo que constituye el objeto de esa práctica moral, define su posición con respecto al precepto que sigue, *se fija un cierto modo de ser que valdrá como consumación moral de sí mismo;* y, para hacerlo, actúa sobre sí mismo, procura conocerse, se controla, se prueba, se perfecciona, se transforma.[41]

Se trata de la posibilidad de acometer cierto reconocimiento de sí, mientras que las oportunidades de ampliar el horizonte de las posibilidades de autonomía y de independencia son prácticamente abolidas por los condicionamientos que se ejercen sobre los individuos. Sin embargo, no se considera que una vez retiradas esas restricciones particulares, la autonomía y la independencia queden al alcance de la mano. La situación descrita está sembrada de condicionamientos que pesan sobre las existencias de los trabajadores y que no pueden ser reducidos a las reglas y los procedimientos que obligan a los obreros y a sus cuerpos (horarios, supervisión, control de los movimientos, imposición de las posturas, etc.). Ellos acompañan, más bien, formas de dominación y de apropiación que no necesitan ni máquinas ni sistemas de castigo, puesto que con ayuda del miedo (no hay horizonte, no hay estabilidad), tocan el núcleo vital de la producción de los seres individualizados: sus pasiones, sus deseos, su capacidad para indignarse y rebelarse, para unirse y para crear. "Tocar" no significa destruir brutalmente, sino actuar sobre los resortes de la constitución de los seres que, apoyándose en esos mismos resortes, actúan sobre esas acciones y sobre ellos mismos.

---

41. *Ibid.,* p. 40 (el destacado es mío).

Las relaciones de poder y de dominación son, en efecto, relaciones, y el proceso de constitución de sí y de la inquietud de sí se desenvuelve a partir o en el interior mismo de esas relaciones. Expresado de manera familiar, si no puede hacer *sin,* deberá hacer *con,* "más vale esclavo que muerto", para retomar los términos de Fink: "Porque todo hombre existe en apertura para la muerte, le puede ser infligida la violencia más extrema al situarlo ante la alternativa muerte o sumisión, dejándole la elección entre antes muerto que esclavo, o antes esclavo que muerto".[42] La opción no tiene la forma de una caricatura. Uno se reivindica menos sometido que dominado. Pese a esta extrema violencia, el sujeto se construye no en la esclavitud, como despersonalización,[43] sino *contra* ella. Este ser se construye con la sumisión y plantea el tema de la relación entre constitución del sujeto y sujeción. Así, el proceso de producción de un sujeto apto para movilizar un cierto dominio de sí y de aquello que lo rodea —necesarios para la supervivencia—, bajo estos condicionamientos, no puede elaborarse sin una forma de pertenencia o de connivencia con la dominación que participa en la producción del sujeto. El acto de oposición no puede ser un acto de destrucción que no alcanzaría sino a sí mismo, sino una manera de reafirmarse en oposición a la dominación para poder vivir *a pesar* de ella. A partir del momento en que no hay alternativa perceptible a esta situación, hay que reconocerla como real para poder ser parte de ella. Hay sujetos que se producen en esta situación. Se producen *con* y *contra* ella; y el poder, que participa en la producción de los

---

42. Fink, E. (1999), citado por Hamraoui, E., "Serivitude volontaire: l'analyse philosophique peut-elle éclairer la recherche pratique du clinicien?", en *Travailler,* núm. 13, 2005, p. 37.
43. Sobre la esclavitud como despersonalización, véanse los artículos de Bormans, Ch., "Esclavage moderne et idéologie antique", en *Revue Tiers Monde,* vol. 37, núm. 148, octubre-diciembre de 1996, pp. 787-802.

sujetos, produce también —y por eso mismo— el poder de superarse. Ni puros productos de la dominación, ni desprendidos de ella, entre dominaciones y sujetos persiste una irreductible distancia que nos interpela.

3

Dominación y sumisión: una complementariedad incierta

En este punto de nuestra reflexión, nos encontramos lanzados entre las poderosas dominaciones y unas subjetividades que, sin escapar a ellas, juegan a las escondidas, buscan afirmarse, testimonian una singular vitalidad. Mientras que, con los cambios que experimenta la organización del trabajo, nuevas formas de dominación y de servidumbre aparecen y nos confunden, los enigmas y los resortes a los cuales nos remiten no han cesado de interpelar a investigadores y pensadores.[44] Dominación y servidumbre, o, por lo menos, tácita aceptación de dicha dominación, deben ser pensadas juntas, pues, como nos lo recuerda Clastres, no pueden existir independientemente la una de la otra. La dominación llama a la servidumbre, y, siempre según este autor, el deseo de poder no puede existir sino porque hay deseo de sumisión.[45] Esta cuestión, según la cual el dominado participa en su dominación, fue planteada por de La Boétie en

---

44. Karl Marx, Max Weber, Hannah Arendt, Michel Foucault y Pierre Bourdieu son algunos autores clásicos que pueden consultarse sobre estas cuestiones que siguen siendo de actualidad. Más recientemente pueden verse los libros de Enriquez, E., *Clinique du pouvoir*, o de Durand, J-P., cuyo trabajo, *La chaîne invisible*, analiza el tema desde el punto de vista de las mutaciones del trabajo.
45. Clastres, P., "Liberté, malencontre, innomable" [1574], en de La Boétie, E., *Discours de la servitude volontaire*, París, Payot & Rivages, 2002.

el siglo XVI:[46] en su *Discurso de la servidumbre voluntaria*, dirigiéndose a los pueblos sometidos, ¿no escribía, acaso, "resolveos a no servir más y seréis libres. No pido que batáis (al tirano, al poder), ni que lo sacudáis, sino simplemente que ya no lo apoyéis, y lo veréis, como un gran coloso al cual se quita su base, caer por su propio peso y romperse?".[47] Es precisamente la ambigüedad de la relación entre dominación y "servidumbre" lo que intentaremos captar mejor en esta parte y en la siguiente, de acuerdo con dos perspectivas diferentes. Lo que Clastres, siguiendo a de La Boétie, nos recuerda es que dominación y servidumbre —se mantendrá por el momento esta denominación— son consustanciales y no pueden ser pensadas sino juntas. Podemos denunciar la dominación y lamentar la sumisión. Pero para penetrar tanto en una como en la otra, interpretarlas y elaborar hipótesis en cuanto a su funcionamiento, nuestro interés debe enfocarse en los resortes del mecanismo que las une; es la aprehensión subjetiva de la dominación lo que constituye nuestro material.[48]

La pregnancia de lo real

Una primera pregunta, menos retórica de lo que parece, se impone cuando uno piensa en la situación de trabajo analizada: ¿quién es el amo, el dominante? ¿Entre qué manos se concentra el poder? Aquí, la figura de un detentor del poder se escabulle detrás de la "realidad", y de la necesidad,

---

46. Para una reconstrucción de los contextos históricos en los que se inscriben la redacción y las diversas ediciones del *Discurso* de de La Boétie, véase la introducción de Miguel Abensour y Marcel Gaucher a la edición citada de 2002, publicada por Payot & Rivages.

47. de La Boétie, E., *Discours de la servitude volontaire, op. cit.*, pp. 202 y 203.

48. Acerca de la discusión sobre "cuál precede a cuál" referida a los términos dominación y sujeto, el tema remite a cuestiones filosóficas sobre las que puede consultarse el desarrollo que ofrece Judith Butler —después de Hegel, Nietzsche, Foucault o Althusser— en su obra *Mecanismos psíquicos del poder: teorías sobre la sujeción*, Barcelona: Cátedra, 2001.

para cada uno, de reconocerla y de dar muestras de realismo. Dondequiera que miremos, no encontramos a ningún individuo que pueda encarnar al amo y al poder, sino solamente a intermediarios intercambiables, piezas de un "sistema" que los sobrepasa ampliamente. Si se reflexiona acerca de ello —así lo admiten los propios obreros—, los supervisores y los cuellos blancos no son sino trabajadores; y los propietarios de las fábricas, domiciliados en Estados Unidos o en otros países, son ajenos a la cotidianeidad y están ausentes de los relatos. Si se reflexiona en ello, se precisó, pues los supervisores y otros jefes son objeto, en los relatos del día a día, de las cóleras e impotencias de los trabajadores. Un supervisor renuncia o es despedido, un jefe cae, una empresa se retira; esos acontecimientos tienen consecuencias locales e individuales inmediatas, a veces dramáticas, cuando una fábrica cierra sus puertas, ¿pero qué cambian, finalmente? Serán remplazados, alguna otra empresa se instalará. El poder no se encuentra allí. O no "completamente" allí. Lo que podría ser una entidad dominante cede su lugar a empresas de facetas múltiples, asociadas ellas mismas a una situación general cuya imponente realidad parece ineluctable de tan visible y verificable. Solo podrían oponerse a ella el utópico, el loco, el soñador; el insensato que, ridículo e irrisorio, rechazara esa realidad y el rol que ella le atribuye: aquí, concretamente, el lugar que le toca y el único trabajo profusamente disponible. Este trabajo es un maná ofrecido al país; aceptarlo es demasiado poco, hay que estarle agradecido.

Las fuerzas que se imponen, aunque vividas por cada uno en su propia carne, no parecen tener como blanco a los individuos particulares, ni a un grupo particular, ni siquiera a la Nación, arrastrada ella misma a este ballet mundial. El amo no es uno sino difuso y múltiple; ya no es el amo, sino un infranqueable estado de hecho. Cualquiera sea su procedencia (¿la historia, la globalización, el capitalismo?), es, aquí, la porción y la ubicación de Nicaragua en la división internacional del trabajo y de las riquezas, al igual que este trabajo y esta incorporación al trabajo. Ocurre que hay trabajadores que critican el papel del Estado, pero este cuestionamiento proviene esencialmente de obreros y de obreras que han conocido, en el pasado, un Estado involucrado en diversos dominios sociales, a pesar del caos de la guerra y de las presiones externas. Por otra parte, se le reprocha menos no haber sabido resistir a la nueva situación internacional que se impuso en los años noventa, que haber vendido la mano de obra a los extranjeros sin que la población se pusiese de acuerdo en ello, sin negociación. Aquí vemos despuntar una paradoja: el problema parece provenir menos de la incorporación al trabajo que de las condiciones que la acompañaron; esta transacción, puesto que inevitable, al menos habría debido respetar las formas (actitud del Estado frente a la prepotencia de los inversores extranjeros). Pero una actitud intransigente habría aumentado los precios de la mano de obra y disminuido el atractivo y las ventajas comparativas del país. Las personas de más edad, por lo tanto, reprochan al gobierno su falta de apoyo, pero son realistas: el Estado, por complacencia, resignación, corrupción o carencia real de poder, no puede sino borrarse ante el juego de los inversores. Los más jóvenes, por su parte, ni siquiera lo mencionan, como si el Estado ya no perteneciera a su mundo y a su vida cotidiana.

Esas fuerzas impersonales, dominantes, pueden ser denunciadas, pero no son vividas, día a día, como tales. En la situación estudiada —que, una vez más, puede por cierto extenderse a numerosas otras situaciones mucho más familiares— se impone para cada quien una serie de constataciones: la primera es que no hay trabajo, y el trabajo es lo que permite tener ingresos y subvenir a las necesidades de la familia; y segundo, que son las maquilas las que ofrecen trabajo. Esta lógica es infalible. Puede ser observada por todos y cada uno. Construida o no, es verdadera. Basta con experimentarla: buscar un empleo en otra parte que no sean las maquilas y luego presentarse en las puertas de las fábricas. Esta realidad, palpable, verificable, no se impone únicamente a la población obrera que la experimenta, sino también a los diversos sectores sociales —funcionarios, periodistas, investigadores, iglesias, ciudadanos en su conjunto— que, mediante el reconocimiento formal de esta evidencia, asientan, consolidan y refuerzan este estado de hecho. ¿Quién puede razonablemente resistírsele? Frente a una tal unanimidad, cuando el malestar germina y se acrecienta, simplemente es más coherente creerse uno mismo inadaptado que cuestionar la contundente realidad. En este contexto particular, se puede intentar mejorar las reglas del juego (los sindicatos intentarán existir y hacerse oír, las asociaciones, imponer conductas morales), pero parece inútil discutirlas. Esto no significa que la realidad sea inmutable —su estabilidad representa en sí misma una amenaza que le hace el juego a su aceptación—, pues, según esta misma lógica, los cambios también sobrevendrán desde el exterior.

Uno se somete, por lo tanto, *porque no tiene opción*. Como si hubiese sido arrancado de sus cimientos históricos, políticos, económicos y jurídicos, la modernización de Nicaragua, mediante el sesgo de su incorporación a las naciones democráticas y liberales, se ha erigido, entronizado, como realidad trascendente que se impone a cada quien, cualesquiera sean sus efectos reales sobre las poblaciones. Rehusarse no tiene sentido; es, para retomar una expresión de Dejours, como rechazar la gravitación universal. La opción, añade, no es entre obediencia y desobediencia, sino entre realismo e ilusión.[49] La idea de que no hay alternativa a la realidad que se vive, que es la *ausencia de opciones,* se impone en cada uno de los relatos con una persistencia y una potencia sobrecogedoras. Aparece en tanto que realidad compartida, verificable y evidente, ya sea que el trabajador adhiera *o no* a los valores vehiculizados por ese trabajo, esa incorporación al trabajo a esas fuerzas dominantes. La realidad atraviesa igualmente su existencia

---

49. Dejours, Ch., *Souffrance en France. La banalisation de l'injustice sociale,* París, Le Seuil, 1998, p. 134.

cotidiana; es realidad *en* cada uno, *para* cada uno. Ya ha sido señalado más arriba: por una parte, las necesidades materiales se imponen (el alimento, la vestimenta, la escuela, etc.), e imponen a los actores someterse a esta situación de hecho y unirse a la masa laboriosa de la maquila; por otra parte, para liberar la disponibilidad de los trabajadores, preservar sus ingresos y protegerse, es la esfera de la familia la que se organiza y se estructura a fin de responder a estas exigencias. La dominación penetra los hogares y los obliga a organizarse: la familia, el orden doméstico, que antes se recortaba de la esfera del trabajo, y por ende del domino del hombre, ¿se habrá convertido en el último cerrojo que hay que hacer saltar?[50]

La ausencia de elección es un elemento central en la dominación. Aparte de la maquila, ¿cuáles son las opciones ofrecidas a ese sector de la población? El trabajo doméstico (menos valorizado y rara vez declarado), el trabajo informal y precario, el desempleo. Este elemento es poderoso en sí mismo, pero debe, para imponerse como tal, para estructurar el conjunto de los relatos y de las percepciones, articularse con otros elementos igualmente verificables en la vida cotidiana. Estos provienen de la fragilidad general que subyace a la situación de vida de los obreros y, más particularmente, de las obreras. Inestabilidad e incertidumbre del empleo amenazan a individuos cuyas condiciones de vida son igualmente precarias, obligados a remediar lo más rápido posible toda situación de desempleo. Es posible asociar la obligación de proveer a las necesidades del hogar y el temor, jamás completamente ausente, del imponderable que podría bloquear la ruta, el deseo de garantizar un mínimo de seguridad y el sentimiento de vulnerabilidad generado por condiciones "que no pueden ser otras", a los apoyos ausentes de la independencia, según una terminología que tomamos de Castel. Este autor distingue al individuo pro-

---

50. Lautier, B., "Mondialisation, travail et genre: une dialectique qui s´épuise", en *Cahiers du Genre*, núm. 40, 2006.

visto de una capacidad de autonomía de aquel que, gobernado por la urgencia de la necesidad, no puede desarrollar las estrategias necesarias para su existencia.[51] El individuo privado de reservas (cimientos sobre los cuales apoyar la posibilidad de desarrollar estrategias) se ve obligado a vender lo más rápido posible su fuerza de trabajo antes de que la presión de la necesidad le resulte imposible de resistir.

Esta observación es importante para analizar la articulación entre dominación y sumisión. A la dominación, más que imponerse total y brutalmente, le basta con controlar algunos mecanismos estratégicos de control y articular algunas variables con las que está más o menos directamente ligada. Todos estos refuerzos contribuyen a la arquitectura o a la "puesta en forma" de la dominación, sin que sea necesario apelar a un control omnipresente o a una coerción absoluta. Podríamos, de manera un tanto artificial, distinguir la estructura conformada por la ausencia de elección —conjugada con la inestabilidad y la inseguridad del empleo, sobre un fondo de situación económica precaria— del conjunto ecléctico de elementos que se articula con ella y la vuele perenne, tales como los discursos que asientan y legitiman esta realidad, la propia experiencia que testimonia la realidad de los hechos, la sombra que se cierne sobre el horizonte de las proyecciones, las relaciones familiares e íntimas atrapadas en este movimiento. Poco importa lo que los individuos piensen de la organización política del trabajo y de los hombres; lo único que interesa es que perciben esta realidad como la única posible y pierden de vista el sentimiento de su propio poder.

---

51. "De tal suerte que vemos concretamente cómo la hermosa idea de un individuo libre y autónomo puede degradarse en aquella de un individuo que es gobernado por la necesidad, simplemente por no disponer de recursos para esperar [...]. Esta dimensión temporal tiene una importancia decisiva para asegurar, o por el contrario impedir, la independencia" (Castel, R. y Haroche, Cl., *Op. cit.*, p. 64).

Como han podido observar otros autores, el *miedo* infiltra —lubrica— los engranajes de esta arquitectura y aísla al trabajador. El miedo aparece como un elemento central de la relación dominación-servidumbre analizada. Para de La Boétie, sin embargo, ni el miedo ni la cobardía —ante un amo "por el cual vosotros vais tan valientemente a la guerra y por cuya vanidad vuestras personas desafían a cada instante a la muerte"[52]— pueden explicar la servidumbre. ¿Podríamos decir lo mismo hoy? ¿Qué lugar ocupa el miedo en la organización social y en la vida cotidiana de los sujetos? Dejours introduce la necesidad de retornar al lugar reservado al miedo por de La Boétie con la clínica del trabajo y los conocimientos de los que disponemos hoy para ver si sigue siendo suficiente.[53] Para Morice, "desde el momento en que se plantea la cuestión, uno tiene muchas ocasiones de constatar que el miedo, mucho más que la identificación con el amo, es omnipresente en las situaciones de dominación".[54] Para estos autores, el miedo —"en un contexto en que ya nadie se encuentra, a priori, a resguardo del desempleo, se convierte en un arma de esta dominación y de una explotación acrecentada"[55]— estaría en posición de explicar, no solo la sumisión, sino incluso "la obstinada voluntad de servir"[56] denunciada por de La Boétie.

La dominación requiere pues un trabajo repetido y constante de las dos partes: sus elementos y símbolos deben ser reproducidos, mantenidos, legitimados, en tanto que el dominado debe aceptar, reconocer, pero también aceptarse

---

52. de La Boétie, E., *Discours de la servitude volontaire, op. cit.*, p. 201.

53. Dejours, Ch., "Le travail entre résistances et production du politique", en Borgeaud-Garciandía, N.; Lautier, B.; Peñafiel, R., y Tizziani, A (dirs.), *Penser le politique en Amérique latine; la récreation des espaces y des formes du politique*, París, Karthala, 2009.

54. Morice, A., *Recherches sur le paternalisme et le clientelism econtemporains: méthodes et interprétations*, memoria para la habilitación para dirigir investigaciones, París, EHESS, 1999, p. 211.

55. *Ibid.*

56. de La Boétie, E., *Discours de la servitude volontaire, op. cit.*, p. 203.

a sí mismo en esa situación de dominación. Antes de seguir adelante, introduzcamos una observación que no carece de importancia para nuestra reflexión. Obligado a creer para poder existir, el dominado acepta creer a costa de otra lógica que muestra muy bien la fragilidad —o la elasticidad— de un sistema como este: de acuerdo, parece decir, creo en esto porque tengo que creer..., pero esta creencia tiene sus límites. Cuando estima que este empleo es buena cosa, invariablemente es buena cosa *para los otros"*, para esa entidad más o menos abstracta que es *el pueblo que no tiene trabajo*, los *pobres diablos* que, sin trabajo, pueden caer en la droga y el alcohol, o más generalmente, para *nosotros, los pobres (porque uno es pobre)*. Estas observaciones marcan los límites de la aprehensión de este trabajo en tanto que *buena cosa*, al mismo tiempo que refuerzan esa otra creencia ligada a la ausencia de opciones o a la pesada realidad de los hechos.

Las obreras, en particular, afirman todas: *aunque me resigno, anhelo y haré lo que esté en mi poder para que esta elección obligada les sea evitada a mis hijos (aun cuando deba trabajar más y someterme más todavía)*. Esa situación pueden padecerla ellas pero deben preservar a sus seres queridos, aunque en la cadena de sometimiento ellas serán el último eslabón. *Yo no quiero que haya hijos míos detrás de una máquina, porque ya pasé por eso y sé que es duro. Duro, duro, duro*, confiesa Amaya. El relato siempre es ambiguo, testimonia la imposibilidad de una condena radical (¿acaso podría ser de otra manera?), que señala con el dedo a *los extranjeros —unos aprovechadores, pero que dan trabajo— o al Estado: vendido, y con un poder tan limitado*. Tal vez estos trabajadores, sometidos, sí, y partícipes de los mecanismos de la dominación en tanto que soportan y responden a lo que ésta les impone no sean, sin embargo los más calificados para explicar la servidumbre. No se equivocan completamente cuando señalan a los inversores extranjeros y a sus personeros nacionales, comenzando por los gobiernos que se suceden en el poder desde hace más de 15 años. Los obreros podrían, sin un gran esfuerzo de imaginación, ser comparados a los "tiranuelos" de de La Boétie, a la cadena de jefes, que relevan en sus respectivos lugares la dominación. Al mismo tiempo, esta última prosigue su propio trabajo: *¿qué haríamos si esas fábricas se fueran?* Entre miedos y esperanzas, el tiempo presente de la historia y el tiempo futuro desconocido se cruzan y a veces se confunden.

La dominación —el complejo de dominación— se ejerce; los trabajadores se dirigen cada día a la fábrica, exigiendo a veces de sí mismos más de lo que se les impone. El sujeto que se construye por el discurso testimonia no obstante inflexiones y rupturas que lo sitúan, en cierto modo, con respecto a ella. Lo que nos lleva a pensar en el juego de la coerción y la obediencia, de la dominación y la sumisión; ese algo, ese desfasaje observado e introducido en el capítulo precedente, que se desliza obstinadamente en la aparente integridad de esta relación. El eje se desajusta, una ínfima debilidad se filtra y se aloja allí. Y la dominación subsiste.

La problemática no resuelta de la servidumbre voluntaria

La problemática —y más aún, el enigma— que une la dominación a la servidumbre es, después de de La Boétie y de su *Discurso de la servidumbre voluntaria,* un tema que ha hecho ya correr mucha tinta, pues a tal punto desagrada al pensamiento concebir semejante alianza. ¿Qué sugiere este "concepto inconcebible", este "acoplamiento de palabras que repugna a la lengua"[57] y al espíritu? Esta fórmula, añade Lefort,

> ciertamente no traiciona la lengua, pero es imposible entenderla como cualquier otra del mismo género. Ella condensa el activo y el pasivo y detenta el curioso poder de cuasi aunar sus dos términos en uno solo: impensable, de

---

57. Lefort, Cl., "Le nom d'un", en de La Boétie, E., *Discours de la servitude volontaire, op. cit.,* p. 269.

manera que la compresión del sentido hace una señal hacia lo inarticulado.[58]

Es posible afirmar que el término servidumbre, separado incluso —por ahora— de la voluntad de aquellos que la soportan, es problemático en sí mismo, ya que sugiere tanto un estado (estado de aquel hombre o aquella mujer o de la colectividad que soporta una dominación), una relación (de sumisión), un sometimiento (por la fuerza), una dependencia (limitando la autonomía de una persona), la coerción en sí o la dependencia extrema bajo la forma de la esclavitud, de sumisión absoluta de la voluntad y de servilismo, que suponen la despersonalización, pues al depender absolutamente de otro, todo ser se vuelve en alguna medida ajeno a sí mismo. Esta clase de sumisión es excesiva, diligente, puesto que es deseada, es voluntaria, paradoja no solamente ética sino también política, pues, en la visión defendida por de La Boétie, al hombre solo le bastaría con no hacer nada para recuperar su libertad. ¿Esto significa que el hombre que cesa de servir recupera su libertad? ¿Es entonces el hombre solo, el ser humano, el proceder de cada uno lo que inspira a este autor? ¿O será más bien que aquello, al multiplicarse, sostiene al dominante, al dominado y al estado de dominación?

La servidumbre voluntaria, que no puede explicarse por la cobardía, ni por pereza, ni por miedo y ni siquiera por amor, no puede ser sino algo que se desee obstinadamente. Tras los pasos de de La Boétie, sirviéndose de una formulación más moderna, otros autores optan por expresar la misma idea con términos como *consentimiento a la dominación*[59] (al sufrimiento que esta relación genera). Libre consentimiento a soportar el sufrimiento, a infligir sufrimiento a un

58. *Ibid.*, p. 285.

59. Para una aproximación a la cuestión del consentimiento, véase el dossier "Consentir: domination, consentement et déni", publicado en la revista *Tracés*, núm. 14, mayo de 2008.

tercero, a ser testigo del sufrimiento del prójimo.[60] El adjetivo libre es central aquí; y el hecho mismo de que califique al consentimiento subraya su propia importancia, puesto que la idea de consentimiento implica ya un "acto libre del pensamiento por el cual uno se compromete enteramente a aceptar o a realizar algo".[61] El consentimiento, recuerda Hamraoui, es "aceptación, acuerdo, adhesión, aquiescencia, aprobación, permiso, consenso, incluso simpatía [en tanto que disposición a admirar]".[62] Pero, y tal vez allí radique una parte del problema, las facultades de la volición mudadas en aceptación, adhesión o incluso simpatía no son de un mismo orden. Esta distinción que, en cualquier otro contexto, podría parecer vana o demasiado puntillosa, es legítima cuando se considera la potencia de dominación de los símbolos que acompañaron la llegada y la imposición del neoliberalismo globalizado. Es posible aceptar pero no adherir; en uno y otro caso, sin embargo, se consiente. En cambio, no se puede adherir sin antes haber aceptado. Tal vez sea la costumbre lo que habilita que estos términos sean pensados como otras tantas proposiciones sobre las cuales podría ejercerse la elección, según un ideal o un interés que privilegiaría algo en lugar de, o incluso contra, lo otro. Pero cuando la elección no es posible, cuando la situación dada se impone como única salida real, palpable, viable, hasta el punto de perder la propia dimensión histórica y humana, entonces ¿qué significa adhesión? ¿Tal vez en semejante contexto lo más pertinente sería interrogarse sobre el significado de no adherir? La obrera no es totalmente libre de no adherir, aun cuando, por otra parte, su adhesión plena y total resulta un requisito indispensable.

---

60. Esta idea ha sido ampliamente desarrollada en la obra de Dejours, Ch., *Souffrance en France. La banalisation de l'injustice sociale*, París, Le Seuil, 1998.
61. *Trésor de la langue française, op. cit.* (el destacado es mío).
62. Hamraoui, E., "Glossaire", en Christophe Dejours (dir.), *Conjurer la violence*, París, Payot & Rivages, 2007, p. 292.

Las problemáticas de la servidumbre voluntaria y del libre consentimiento, así reunidas, suscitan la pregunta —a primera vista, provocativa— por la voluntad (lo deseado) y la libertad (su libre ejercicio). El vuelco que sugiere la reunión de ambos términos se impone por sí mismo: ya no se trata de la servidumbre voluntaria y el libre consentimiento, sino de la voluntad, del deseo de servidumbre y de la libertad de consentir. La polémica que despierta la naturaleza del consentimiento no es nueva. Dejours respondió a la controversia que suscita cierto pasaje de su obra *Souffrance en France* (en español, *La banalización de la injusticia social*) de la siguiente manera:

> La razón principal por la que defiendo la idea de que el consentimiento a la injusticia es libre es porque supongo que la gente común posee un *sentido moral* [...] y que este último no es abolido por las nuevas formas de organización del trabajo.[63]

Para el autor y psiquiatra, el sentido moral no podría haber sido abolido sin intervención de la violencia,[64] lo que lo impulsa a investigar cuáles pueden ser, en los actuales sistemas de dominación, aquellos resortes psíquicos de la servidumbre. En ausencia de violencia, si el sentido moral y la capacidad de pensar no han sido movilizados para oponerse a la sumisión, es que esta es consentida.

Así entendido, el consentimiento no obtenido por la fuerza implicaría la voluntad de los individuos (ya que

---

63. Dejours, Ch., "Violence ou domination?", en *Travailler*, núm. 3, 1999, p. 18.
64. Aquí, la noción de violencia debe ser entendida de manera particularmente restrictiva. Una referencia aceptable es la que puede hallarse en *Le Petit Robert*: "La violencia consiste en actuar sobre alguien o en hacerle actuar contra su voluntad empleando la fuerza" (citado por Dejours, Ch. [dir.], *Conjurer la violence, op. cit.*, p. 12 ["terminología"]). Para Dejours: "Es una conducta humana y supone la puesta en ejecución de una intención de destrucción o de alteración de aquel que es tomado como blanco" (*op. cit.*, p. 15).

resulta obligado o voluntario[65]). La voluntad puede ser fuertemente coaccionada, pero aun en ese caso la capacidad de pensar, aunque afectada, podría encontrar el modo de desarrollarse. Resultará entonces útil distinguir dos significados del verbo *consentir:* la idea de desear, de adherir sin que intervenga la coerción, y la idea de ceder ante aquello que nos es impuesto de manera tal que la posibilidad de escapar parece imposible.[66] Es posible también distinguir el consentimiento a la dominación del consentimiento a la servidumbre, ya que ni la una ni la otra son aprehendidas, vividas, contadas, percibidas y elaboradas de la misma manera por los individuos. La distancia que se ha podido observar entre la dominación que se impone y el sujeto que se somete podría ubicarse en este trabajo entre el consentimiento a la dominación y el consentimiento que sostiene la servidumbre.

Consentir, pues: parecería que el consentimiento a soportar la dominación no es libre cuando rechazarla significaría la muerte, muerte social, simbólica o bien real. Y este peligro puede ser individualmente presentido, anticipado, rozado o percibido. Cada ser humano puede caer y la comunidad de los semejantes que vive los mismos tormentos, la familia que se organiza cuando se presenta un problema mayor, disimulan a los ojos de los/las dominados/as, y a su consciencia, una parte de sus debilidades. Pero el equilibrio es precario y los riesgos de perderlo acechan: en el salario que siempre es tan ajustado, que permita vivir pero clausura cualquier horizonte; en la necesidad de mendigar

---

65. Véase Hamraoui, E., "Glossaire", en Dejours, Ch. (dir.), *Conjurer la violence, op. cit.*, p. 293.

66. Sobre la idea de que no puede haber "consentimiento" a la dominación sino que se puede ceder a la opresión, y, de manera más general, sobre una conceptualización de esta noción de consentimiento, véase Mathieu, N. C., *L'anatomie politique. Catégorisations et idéologies du sexe*, París, Côté-Femmes, 1991 (en particular el capítulo "Quand céder n´est pas consentir", pp. 131-225). Véase también Fraisse, G., *Du consentement*, París, Le Seuil, 2007.

por un trabajo que uno mismo juzga poco gratificante; en la humillación que soporta una compañera de trabajo; en el abandono del hombre o en el hijo que callejea escapando del control de su familia. Pero esta situación tan difícil es sin embargo mejor que *nada,* mantiene alejado el espectro del desempleo y la pobreza, y prueba que se está anclado y se pertenece a lo real. Sucede lo mismo con empeñarse en el trabajo. No se elige, aunque la evidencia demostraría que *es así,* cuando la elección está limitada por el hecho mismo de que no somos libres de ejercerla. El problema del consentimiento remite, por una parte, al entorno general en el que se despliegan las dominaciones y, por otra, a la vida misma, al ser y a eso inconcebible que es nuestra apertura a la muerte.[67]

El consentimiento libre defendido por Dejours es así calificado en tanto que la capacidad de pensar que lo sostiene no ha sido abolida. Que no se verifique una violencia inmediatamente destructora no significa en absoluto la desaparición de las coerciones. Este autor, investigando cuáles podrían ser los resortes de ese consentimiento en ausencia de violencia, propone una explicación en términos de dominación simbólica, dominación que "nos lleva a *pensar* como los otros que la descripción que se nos plantea del sistema económico y del sistema de producción, de la organización del trabajo así como de las nuevas formas de gestión es *verdadera",*[68] incluso si lamentamos que así sea. Es una con-

---

67. ¿No es arriesgado aventurarse a reflexionar sobre las concesiones que implica el hecho mismo de ser y de proseguir con la vida, como lo recuerdan los rechazos y la muerte de Paul Nizan? Sartre, cuya visión exigente del hombre que se inventa a sí mismo, no deja de remitir a la problemática del "consentimiento libremente consentido". Escribe las siguientes líneas a propósito de Nizan: "Cuando él vivía, compartíamos sus iras, pero, finalmente, ninguno de nosotros hizo 'el acto surrealista más simple', y ahora estamos viejos; hemos traicionado tantas veces nuestra juventud que es cosa de simple decencia dejarla en el silencio" (Jean Paul Sartre, "Preface", en Nizan, P., *Aden, Arabie,* París, La Découverte-Syros, 1960, p. 13).
68. Dejours, Ch., "Violence ou domination?", en *Travailler,* núm. 3, 1999, p. 23.

firmación de lo que el estudio de campo nos ha permitido observar, a saber, que se trata de una realidad compartida, la cual estructura, más allá de la propia cotidianeidad, la de los pares, la de la Nación, la del conjunto de las poblaciones y el país. La exclamación de un obrero: "¡Pobre Nicaragüita!", es, en este sentido, reveladora. Y es a partir de esta realidad, a fin de vivir cada día consigo mismo y con los otros, que se construye una interpretación del mundo. Parece difícil entender como servidumbre aquello que corresponde a un desafío cotidiano, material y psíquico. Tanto más cuando esa dominación simbólica se acompaña de peligros de lo más reales: el proceso que liga la ausencia de opciones con un estado de incertidumbre permanente mantiene en equilibrio precario unas existencias que realmente podrían hundirse a cada momento.

El abordaje, por el sesgo de la construcción amenaza-creencia, propuesto por Morice sobre la base de sus investigaciones sobre el paternalismo, nos aporta un esclarecimiento esencial. Aunque no hay violencia en el sentido de una definición estricta, existe un cierto número de modalidades de agresión que el autor propone ordenar bajo el nombre de "violencia metafórica",[69] en neta oposición a la noción bourdieusiana de "violencia simbólica".[70] Sea esta violencia puesta o no en ejecución, es portadora de una amenaza real que puede afectar al individuo en su identidad.

---

69. Morice, A., "Quelques réflexions sur l'adhesion au système", en *Travailler*, núm. 3, 1999, p. 46.

70. Morice, A., *Recherches sur le paternalisme et le clientélisme contemporains...*, *op. cit.*, pp. 204-206. El funcionamiento de esta "violencia simbólica" está notablemente ilustrado en el análisis que el autor ofrece del mito de Damocles. A propósito de la ambigua alianza de estos términos ("violencia" y "simbólica"), Morice precisa: "En materia de dominación, hay símbolos o hay violencia; los primeros anuncian que sólo si se los respeta se evitará recurrir a la segunda" (p. 205); por lo tanto para el antropólogo, "la violencia interviene precisamente cuando los símbolos [contenidos en la dominación] han cesado de ser eficaces" (Morice, A., "Quelques réflexions...", en *Travailler, op. cit.*, p. 48).

Para dar un ejemplo, en el curso de las entrevistas que hemos llevado a cabo, algunos de nuestros interlocutores dejaron entrever que los jefes adoptaban a veces una actitud bastante cercana a la tolerancia, tanto más sorprendente cuanto ejercida en lo que toca a un cierto número de prohibiciones, cuya transgresión acarrea, en otros momentos, una respuesta implacable. Esta actitud no es una debilidad; es un reconocimiento del hecho de que existe un límite, variable de acuerdo con los días y las tensiones, más allá del cual ya no hay dominación posible. Si el trabajador debiera atenerse ciegamente a las reglas, le sería imposible trabajar, obedecer a las órdenes, responder a las exigencias de la producción, plegarse al peso de las horas extras más allá de lo razonable, aguantar con el estómago vacío, producir sin romper el aburrimiento. Si todas estas faltas debieran ser sancionadas con el despido, no podrían ser compensados indefinidamente por nuevas contrataciones. En una palabra, el sistema se trabaría.

Sin embargo existe, es innegable, un sentimiento permanente de amenaza, que no tiene nada de ilusorio. De tiempo en tiempo, con la bastante frecuencia como para que el temor se mantenga vivo en la comunidad de los testigos, la amenaza se hace realidad: el despido, la humillación, a menudo comunicados en público y generalmente arbitrarios, le recuerdan a cada uno su propia fragilidad y la ley de la cuchilla. Siendo los riesgos de despido, por regla general, los mismos para todos (salvo, a veces, durante el tiempo de una relación protectora y siempre frágil con un supervisor), el relato que se hace de ello es acompañado con mayor frecuencia de indignación contra el abuso que de un sentimiento de vergüenza, que sería íntimamente destructivo. No es el caso de la humillación, por lo general en público, de la que es más difícil defenderse, en particular cuando afecta a la vida personal del trabajador o de la trabajadora, incluso a su vida íntima o a su sexualidad. La amenaza es tanto más eficaz cuanto el obrero es individualizado por ciertos elementos, tales como su producción, la disposición de su puesto de trabajo, las sospechas de sindicalismo, las relaciones con el supervisor, los riesgos de encontrarse repentinamente sin empleo a pesar de los imperativos familiares. Aquí se trata de un ejemplo, pero cotidianamente, uno u otro de los obreros de las maquilas se verá confrontado a este tipo de humillación. Ya hemos hecho referencia a esta amenaza, que encontramos en cada engranaje del mecanismo. Otro resorte de la dominación presentado por Morice, la *creencia,* corresponde a la dominación simbólica de Dejours; hace pasar la descripción del sistema por la realidad, realidad de la que no se puede simplemente decir que no es más que ilusión; tan poderosos son sus instrumentos de intimidación, de amenaza y de verificación.

Se vuelve patente así que, haciendo caso omiso de las divergencias disciplinarias, sus respectivos objetos y eventualmente sus querellas, hay dos elementos que se imponen por ellos mismos a estos autores que estudian los mecanismos de la dominación y de la sumisión. El primer elemento concierne a la descripción del sistema económico y de producción, que debe ser percibida y reconocida como *verdadera.* Podríamos añadir que, más cerca de cada uno, esta creencia pasa por la experiencia de la realidad y de sus peligros en la vida cotidiana; subjetivamente es una realidad vivida, por ende verdadera, lo que refuerza los cimientos de esta construcción y su reificación. Por otra parte, estos mecanismos producen y se apoyan sobre el mido, miedo del que los dominados deben protegerse. Reposando sobre las diversas amenazas, el miedo encuentra múltiples fuentes en las que alimentarse. Ya sea que provengan de riesgos inmediatos o, más a largo plazo, de amenazas físicas, económicas o simbólicas, podríamos decir que los miedos se encuentran y se sueldan para aparecer en el trasfondo de la escena en la que se muestran los sujetos.

De manera que podemos hablar de servidumbre voluntaria para calificar de una manera perturbadora, con un apareamiento de palabras contra natura, esta problemática que consternaba a de La Boétie y lo llevó a redactar su famoso *Discurso* que el tiempo no ha vuelto caduco. Se puede incluso hablar de voluntad de servidumbre, tal como parece desplegarse en actos —por ejemplo, en aquellos obreros que perseveran en el trabajo— cuando todo tiende a probar que no hay vida posible sino en la servidumbre. Esta voluntad es coaccionada, se despliega en un espacio exiguo, chocándose contra tabiques que impiden su plena expansión. La servidumbre puede así parecer voluntaria porque es coaccionada. A veces se la calificará sumariamente de voluntaria, en particular cuando parece reivindicada, llevándonos a considerar el resultado de la práctica en lugar del movimiento que conduce a ejercerla. Pero esta reivindicación puede ser ella misma un indicio, instaurándonos discretamente como testigos de esa disidencia muda que se las ingenia para impedir que la voluntad coincida con la servidumbre. En sí misma, la voluntad no es de servir, sino de realizar lo más prontamente y lo mejor posible la tarea impuesta, antes de que invada el pensamiento, o de dar testimonio de la propia habilidad. O incluso, esta actividad que testimonia una servidumbre puede ser la misma que, sin que puedan ser confundidas, sustenta la identificación del sujeto que se constituye *a pesar* de la dominación.

Como se habrá comprendido, la idea de servidumbre voluntaria es un campo minado. No se la puede emplear sin discutirla, atemperarla, sin anexarle peros y no obstantes. Sin embargo, no puede ser ignorada. A los términos y a las expresiones análogas les falta poder de sugestión y nos invitan a apartarnos —aliviados— de esta fórmula embarazosa que, empero, se inscribe en el corazón de la problemática de la dominación. A falta de aprehenderla, nos condena a no poder ni adoptarla ni rechazarla, generando las reflexiones que seguirán urdiéndose a partir de esta inconcebible alianza.

Quedémonos momentáneamente en este punto acerca de si hay o no servidumbre voluntaria en los obreros y las obreras de las maquilas de Nicaragua, para reflexionar sobre aquello que la experiencia subjetiva revela acerca de la dinámica que los sostiene. En un primer momento, desde la perspectiva del sujeto que soporta las restricciones, y luego, más adelante, desde la de los sujetos que se constituyen. Ambas cuestiones son interdependientes. Tal representación responde a una lógica de escritura, y es importante no perder de vista que no es más que un artificio.

Sujeto y preservación

Por duro que sea, el relato subjetivo que las obreras, en particular, hacen de su vida rompe con la imagen estereotipada sobre las meras restricciones que padecen. Incluso en los relatos que más insisten sobre estas difíciles condiciones de existencia, estas son, aquí como en tantas otras partes, la cotidianeidad y los desvelos de cada día, que tejen su trama y establecen su tono. Esta observación subraya el hecho de que la vida que soporta estas condiciones se desarrolla en una temporalidad imposible de traducir para aquel o aquella que la describe, pero también que no se vive bajo el imperio de la "desdicha absoluta".[71] ¿Qué significa, supuesta la

---

71. "Todo el mundo descubre, tarde o temprano, que la felicidad perfecta no es posible, pero pocos hay que se detengan en la consideración opuesta de que lo mismo ocurre con la infelicidad perfecta. Los momentos que se oponen a la realización de uno y otro estado límite son de la misma naturaleza: se derivan de nuestra condición humana, que es enemiga de cualquier infinitud. Se opone a ello nuestro eternamente insuficiente conocimiento del futuro; y ello se llama, en un caso, esperanza y en el otro, incertidumbre del mañana. Se opone a ello la seguridad de la muerte, que pone límite a cualquier gozo, pero también a cualquier dolor. Se oponen a ello las inevitables preocupaciones materiales que, así como emponzoñan cualquier felicidad duradera, de la misma manera apartan nuestra atención continuamente de la desgracia que nos oprime y convierten en fragmentaria, y por lo mismo, en soportable, su conciencia". Véase Levi, P., *Si esto es un hombre, op. cit.*, p. 8. En el texto francés de este libro, la cita de Levi está tomada de la edición francesa antes mencionada y que se encuentra en la p. 18.

servidumbre, afirmar que no se vive perpetuamente en la tristeza y el abatimiento? ¿Es allí donde se descubre la grieta, allí donde se inmiscuye la dominación? Si tal es el caso, ¿su corolario o su condición sería la alienación? ¿Cómo se articulan subjetividades y dominación? ¿Qué clase de sujeto se constituye?

Las interrogaciones podrían sucederse así, y cada una contendría nuevos presupuestos o nuevas problemáticas. Retomemos el tema del miedo, en tanto que este infiltra y lubrica los mecanismos de la dominación y la servidumbre. Una vez que se hace patente que la realidad vivida es la única que puede existir, al menos en el presente, mantener el control de la incertidumbre aparece como un medio muy eficaz para controlar a los individuos (aquí, obreros y obreras). El miedo no aparece tanto en lo que se dice de él. Objetivado por la palabra, reconocido, aparece más domado. Pero tiene, en los silencios, de manera indirecta, en lo recóndito de la palabra en la que encuentra dónde esconderse, la persistencia del acufeno.[72] Es un miedo tanto más insidioso cuando, banalizado, ya no aparece como tal. No proviene de una violencia repentina, no se parece ni al terror ni al espanto; persistente, amenaza discreta pero firmemente el precario equilibrio preservado con dificultad; es un miedo con el cual se aprende a vivir. El miedo es importante por diversas razones. Más o menos intenso, más o menos agudo, va a la par con el sentimiento de proximidad de una amenaza; acompaña los movimientos de los individuos de manera tal que les evita franquear una frontera que abriría el paso a la expresión de dicha amenaza. Es posible habituarse a estas fronteras ficticias que devienen reales, antes de que ya no sean percibidas, reduciendo a largo plazo nuestro propio poder. Puede llegar incluso a paralizar el impulso, a distorsionar la percepción de la realidad, y a conducir a las personas a colaborar con aquello que,

---

72. Acúfeno o acufeno: "Sensación auditiva que no corresponde a ningún sonido real exterior" (*Diccionario de la Real Academia Española*) [N. del T.].

con toda evidencia, los limita y los empobrece. El miedo puede pues ser eficaz por sí mismo, pero no solamente. No se puede vivir todos los días y cada día bajo el imperio del miedo, así como tampoco bajo el de las "pasiones tristes".[73] Para vivir a pesar de su presencia persistente, es preciso aligerar su peso acallando las propias percepciones. Silenciarlo forma parte de esta estrategia. Callarlo es contenerlo, o quizá solo dejarlo algo más desnudo.

La joven obrera Marcia, embarazada, madre soltera de dos hijos de corta edad, no existe sino a través de la maquila. No avizora otro destino. El deseo que manifiesta es estar protegida en el seno de ese espacio que la fábrica le deja, mientras enumera miles de piezas de tela al día. Cuando no está en el trabajo, Marcia duerme, dice. Es lo que le gusta. Rechazando la presencia del padre del hijo por nacer, ya no quiere enredarse en relaciones de pareja. Desprecia a las obreras *desobedientes;* no tiene amigos. Permanecer en la maquila es el único futuro que encara, que anhela. Marcia no nombra nunca el miedo; no puede tener miedo, puesto que se pretende confiada, protegida por el infinito recuento de piezas que realiza a diario en su trabajo. El caso de Marcia fue el único encuentro que impuso en el espíritu de la investigadora la imagen de un continuo, de una total transparencia entre el trabajo de la fábrica y la obrera, al punto de que la distinción entre dominante y dominado pareció ya desprovista de sentido. Las cosas no son simples. Los rasgos de su rostro, tan rígidos que no dejan atisbar nada, tampoco intentan engañar. Marcia ya no percibe el miedo, como parece no percibir los placeres que dispensa el mundo que la rodea. Estas percepciones han sido borradas de un universo encogido, reducido a unos pocos elementos que ella querría reconfortantes. El miedo que ya no aparece, que ya no está, ¿será peor aún que aquel que obliga a los individuos a protegerse de él para ser y continuar?

---

73. Expresión de Spinoza para designar esas pasiones que, contrariamente a las "pasiones alegres", disminuyen el yo y su poder de actuar.

Para hacerle frente, los trabajadores se arman, al decir de los psicopatólogos, de estrategias colectivas de defensa, incluso de ideologías defensivas, colectivamente estructuradas y reforzadas. Estas estrategias juegan sobre la percepción colectiva de los peligros y de los riesgos; son capaces de protegerlos contra el miedo, contra el exceso de sufrimiento psíquico, y de preservar su equilibrio mental. Aunque el concepto provenga de y haya sido desarrollado por el campo de la psicología, a partir de instrumentos que le son propios, se lo emplea aquí, en la medida en que la dominación analizada impone a los sujetos tener que preservarse sin pausa de la inestabilidad, del miedo, del sufrimiento, de la invasión de la dependencia.

A diferencia de los análisis más clásicos sobre los colectivos de trabajadores, las estrategias que se presentan en este capítulo, las defensas, se desarrollan sobre todo al nivel del sujeto, frente a sí mismo, a su historia, a los otros, a quienes lo rodean. Las investigaciones en psicodinámica del trabajo tienen mayoritariamente como objeto de estudio a grupos de trabajadores varones o asociados a la idea de masculinidad. En esos trabajos suelen ponerse de relieve la importancia de la virilidad como soporte de estrategias colectivas de defensa. En el centro de esas estrategias se encuentra una forma de coraje (el que se demuestra a los otros para pertenecer a su comunidad y que muy a menudo se opone al coraje que proviene de la autonomía moral) teñido de irrisión, aquel que permite hacer el trabajo sucio o enfrentar el peligro. Sustraerse a ese tipo de coraje sería mostrar cobardía.

Para que estas estrategias se mantengan y funcionen, no pueden ser comunicadas verbalmente, objetivadas por la palabra. Se las calla, se las oculta, y así son preservadas por el grupo que hace uso de ellas. Se integran tan bien en el modo de vida de los miembros del grupo que a veces terminan por escapar a su consciencia. La mirada que las obreras dirigen a su trabajo en la maquila y a la vida de la fábrica no es portadora de los valores que serían propios de trabajadores varones,[74] anclada en la virilidad. Los pasajes de una fábrica a otra por conveniencia personal, los despidos —injustos, pero también aquellos que les parecen, si no justificables, al menos explicables—, forman parte de los relatos de las mujeres y son narrados con toda simplicidad. Es impactante constatar la no culpabilización de la obrera que abandona la fábrica porque *ya no puede más,* ante la mirada de las otras y ante la suya propia. Quedarse en la fábrica cueste lo que cueste no es dar prueba de coraje. Dejar la empresa no es dar prueba de cobardía. Aquí, no hay grupo propiamente dicho. Los relatos testimonian gestos efímeros de ayuda mutua y de amistad, que a menudo no duran más allá de la partida o del despido. La obrera despedida o que renuncia se organizará con su familia, se quedará en casa o encontrará rápidamente un puesto en otra parte. La plaza liberada será ocupada sin dilación. Cuando existe, el grupo obrero más seguro y más presente es el grupo familiar. Pero, como ya hemos visto, el grupo familiar, que palia la fragilidad de cada uno, protege a sus miembros y los libera para el trabajo, responde a las exigencias de las fábricas. Ese grupo obrero, su organización, podría asimilarse a una defensa que se elabora no en la fábrica, sino en la esfera familiar; es la defensa más compartida y frecuente entre los obreros aun cuando no sea una acción colectiva.

El sujeto se defiende de la situación que se impone a su existencia. Defiende a toda costa su coherencia subjetiva, la

---

74. Fue recién a partir de la década de 1990 que estos estudios, androcéntricos, se abrieron a la investigación de las estrategias propias implementadas por grupos de trabajadoras mujeres. Véanse, en particular, las intervenciones de Danièle Kergoat y Helena Hirata en 1988 durante el seminario interdisciplinario "Plaisir et souffrance dans le travail", y las investigaciones desarrolladas por Molinier, P., Hirata, H. y Kergoat, D., "Rapports sociaux de sexe et psychopathologie du travail", en Dejours, Ch. (dir.), *Plaisir et souffrance dans le travail,* t. II, París, AOCIP, 1988, pp. 131-163; Molinier, P., *L'énigme de la femme active. Sexe, égoïsme et compassion,* París, Payot & Rivages, 2006; y, del mismo autor, *Les enjeux psychiques du travail: introduction à la psycho dynamique du travail,* París, Payot, col. PBP, 2006.

defiende de esas dudas propias y de las del prójimo, construyendo barreras que le permiten alejar el miedo y vivir cada día. Pero los psicopatólogos nos dicen que estas defensas son ambiguas, contradictorias. Y es aquí donde se plantea nuevamente el problema de la servidumbre. Una vez que han mostrado su eficacia, las defensas se arraigan, se consolidan, sometiendo tanto más la autonomía subjetiva del dominado. Tal es el precio de un alivio subjetivo de la dominación. Tal es el obstáculo mayor para todo cambio. Para poder vivir y trabajar sin perspectiva alguna de expansión de sí, de desarrollo de la propia facultad de actuar, es el ser entero el que debe adecuarse, resignando las propias facultades, limitando el campo del propio abordaje subjetivo de la realidad. La puesta en relato, por parte de los obreros, de sus vivencias nos permite captar algunas de sus estrategias. Este aspecto ha sido ya largamente tratado más arriba, pero se evocará aquí un caso que ilustra perfectamente el poder de estas defensas y la dificultad de cuestionarlas. Se trata del caso de Antelmo, trabajador cuyo testimonio nos permite ver cómo la puesta en palabras (la objetivación) de aquello que protege al sujeto de la dureza de su existencia puede resultar frágil y peligrosa para su equilibrio.

Antelmo es obrero en una empresa estadounidense. Debe tener unos 35 años. Vive con su joven compañera en una pieza en la casa de su hermana y esperan un hijo. Antelmo llega con una hora de retraso a la cita pautada para realizar la entrevista. Una vez que nos instalamos en su pieza, acepta que su relato sea registrado pero no dejará de modificar el volumen de la radio y la orientación del ventilador que tapan su voz y entorpecen la escucha. Antelmo, al comienzo, presenta dos concepciones muy valiosas para él. La primera, muy exigente y con marcado tono evangélico, es sobre el deber ser del hombre: que debe ser fuerte, seguro de sí mismo, responsable y alcanzar los objetivos que se ha fijado. La otra es una concepción igualmente exigente del trabajador que resume así: *el que no trabaja no come*. Este es el inicio de su relato. Cuando cuenta sobre su trabajo en Costa

Rica, que no contradice esta imagen que él desea tener de sí mismo, habla con serenidad. Pero en cuanto relata su historia en las maquilas de Nicaragua, se le vuelve cada vez más difícil expresarse, compartir su experiencia. Aunque llega a imputarle cierta responsabilidad de la situación a la *economía demasiado débil*, al gobierno *corrupto*, a los extranjeros *que se aprovechan de los nicaragüenses, que los utilizan y los ofenden*, busca a toda costa defender y respetar el principio de la responsabilidad individual. A despecho de estas condiciones adversas, él *debe* lograrlo, fijarse los objetivos a alcanzar y responder así a la imagen que tiene del hombre trabajador. A lo largo de todo el relato, la dificultad que encuentra para controlar las contradicciones entre las concepciones defendidas y la realidad vivida se torna cada vez más perceptible. Su realidad es este trabajo que él desprecia, que lo usa y no le permite vivir como él desearía; es su compañera embarazada, la pieza que le prestan, y el deseo de emigrar en busca de una vida mejor. Estas contradicciones se vuelven tan fuertes que amenazan el frágil equilibrio que Antelmo ha alcanzado. Más avanza la entrevista, más se siente amenazado por el desmoronamiento de este edificio. Antelmo está cada vez más incómodo, cada vez más nervioso. Al objetivar sus contradicciones, interrumpe de repente el relato que lo exponía, sobre todo ante sí mismo, de un modo probablemente irreversible.

Estas defensas, que pueden emerger en situación de entrevista, encuentran sucedáneos en el mundo material; se articulan con estrategias que afectan a la organización de la familia y de las actividades domésticas, a la percepción del trabajo, incluso a las relaciones amorosas. Volvamos al obrero Antelmo. Para que él pueda vivir en el día a día sin sentirse constantemente amenazado, sin que sus contradicciones amenacen con aflorar en todo instante, no le basta con protegerse de sí mismo, además es preciso que el entorno no lo traicione, o al menos no de manera tal que lo obligue a poner en cuestión el sistema de protecciones que se ha construido. Lo que es particularmente visible y frecuente cuando se investiga el mundo del trabajo no deja de ser cierto a otras escalas de la existencia. Ya se trate de un modo defensivo o no —todos los sujetos llevan consigo su historia—, la diversidad de actividades, relaciones y reflexiones que habitan el presente no puede albergar más tensiones y contradicciones que las que le permitan sostener su estabilidad personal.

¿Los múltiples ejemplos que prueban la dependencia de los trabajadores con respecto a la dominación bastan para sugerir la alienación? De igual modo, ¿los múltiples ejemplos que muestran a los trabajadores al servicio de esta misma dominación bastan para hablar de servidumbre voluntaria? Es una pregunta que puede formularse legítimamente al observar cuán importante es el sistema de defensas al cual el obrero cede parte de la propia autonomía, y cuando se comprueban la extensión de los efectos de la dominación. En este contexto, ¿se puede hablar en términos de la alienación de los trabajadores que estarían desprovistos de consciencia de sí?. Por otra parte, esta condición se les impone por sí misma al sugerir que podría existir una servidumbre voluntaria que no podría explicarse de otro modo que no fuese por un deseo de servir.

Recurriendo a la figura del oxímoron, ¿podría hablarse de sujetos alienados? ¿De sujetos que serían otros, cada uno otro de sí mismo, ajeno a su propio ser-en-el-mundo? ¿Puede un sujeto ser desposeído de su capacidad de comprender el mundo? Y estar desposeído de sus cualidades de sujeto ¿es algo posible sin que antes se le haya destruido? Desde el punto de vista del análisis, tal afirmación no deja de plantear numerosas dificultades. ¿Cómo determinar quién es el sujeto cuando es otro de sí mismo? La dominación ayuda a pensar la sumisión, y la sumisión, la dominación; partir de la alienación en tanto que fenómeno comprobado pone un punto final al problema. Esta dificultad teórica (o esta falsa solución) aparece justamente porque no es posible realizar tales afirmaciones. No solo el pudor y la ética nos lo impide, sino que la situación empírica analizada muestra sujetos —y

relaciones de estos con la realidad— mucho más contradictorios. Se propone la alienación como desaparición de sí,
como pérdida del sujeto, devenido extranjero a su propio
ser, según la idea que, entre sus diversas acepciones, ha
quedado unida al uso corriente del término;[75] ¿sería posible,
no obstante, rechazarla completamente? ¿No se alega más
arriba que, con el fin de protegerse, el sujeto se vería llevado
a alterar su representación de sí y por ende su posibilidad
de asirse a la realidad?

La alienación así entendida parece inadecuada para traducir la diversidad de las maneras de hacer y de ser frente
a una realidad social, cuando esta impone la necesidad de
protegerse. La inventiva de la que dan testimonio los sujetos
rompe con todo abordaje que pudiera dejar entender que
a la dominación responde mecánicamente un sujeto dominado, definido, reconocible y previsible. El sujeto que se
mueve y que se crea en situación de dominación no es precisamente previsible. Los trabajadores, hombres y mujeres,
erigen defensas destinadas a protegerlos de las incertidum-
bres que, cada día, amenazan con desestabilizarlos. Se han

---

75. Stéphane Haber, en una lectura revivificante del marco teórico marxista de
los años setenta, propone un abordaje nuevo del concepto de alienación (y más
aún, de la consideración althusseriana antihumanista, radicalmente opuesta a
la idea de alienación). Haber estima que este concepto es "capaz de hacer lugar
a la experiencia subjetiva y a la autonomía relativa de la vida psíquica" (p. 29),
y además sugiere pasar de la idea de *pérdida* a la de *alteración* de sí. Así, de su
larga y rica reflexión, destacamos la siguiente definición: "La alienación no es
el hecho de ser determinado y manipulado por grandes máquinas cuando en
realidad somos seres libres... Puesto que lo que es alienado en primer lugar
y puede ser objeto de una pérdida es el conjunto de estructuras universales
propias del individuo humano en tanto que complejo bio-psico-sociológico
definido por la existencia, la apertura y la exposición a lo real. Desde el punto de
vista que ha sido defendido aquí sobre la base de esta definición, la alienación
sería, en efecto, una suerte de *contradicción:* la contradicción que hace que no
estemos *presentes* en esos tres mundos (*Selbstwelt, Mitwelt, Umwelt*) a los cuales
sin embargo estamos necesariamente abiertos y expuestos como seres actuantes
y hablantes" (Haber, S., *L'aliénation. Vie sociale et expérience de la dépossession,*
París, PUF, 2007, p. 331).

citado, más arriba, algunos trabajos que arrojaron luz sobre las estrategias colectivas de defensa de grupos de trabajadores varones construidas sobre un soporte de reconocimiento de la virilidad y que conducen a una negación de la realidad y de sus peligros. No se trata de generalizar ni en un sentido ni en otro, pero las obreras, porque generalmente están más concernidas por las implicancias directas de su empleo en la vida privada, pecarían más bien por exceso de realismo, una actitud que podría ser parte de la panoplia de las estrategias de defensa. La obrera que va y que vuelve entre las maquilas no se siente culpable por no tener consciencia de estar quebrantando una negativa colectiva, sino más bien da testimonio de aquello que puede afectar también a cada una de las otras obreras. Para los obreros, es una mujer que capitula, y una mujer —"débil"— no es un hombre, no hay lugar, por lo tanto, para la identificación. Así como la diversidad de sujetos hace que existan diversos modos de representación de la realidad y otras tantas de hacerle frente, existen diversas maneras para un mismo sujeto de aferrarse a aquello que compone su realidad vivida (este tipo de realismo puede estar acompañado de alguna negación en otra parte). Nada es fijo, y estas maneras de percibir la realidad pueden modificarse, alterarse, según las urgencias del sujeto, para aguantar y aguantarse en la situación en la que vive.

Sobre un telón de fondo de amenazas reales, consciencia (de la dominación) y ceguera (de aquello que le permite tolerar lo que padece) coexisten. Pese a la apretada trama que, de la dominación, penetra el conjunto de la vida y de las relaciones, el dominado (la dominada) rara vez entra en simbiosis con ella. Mantiene una cierta distancia, justo la necesaria para no ser invadido. ¿Tal vez la dominación, con su potencial de perjuicios, es demasiado evidente para ser negada? ¿Tal vez es más eficaz, para la propia preservación, reconocerlos, y establecer una distancia que será puesta en discurso, compartida entre pares? Ya sea del lado de la alienación o del lado de la lucidez, los excesos son portadores de peligros funestos. La desposesión de la consciencia de las propias condiciones de existencia y la simbiosis con la dominación (que está en el origen de aquella) amenazarían al sujeto con la pérdida de sí, de la consciencia de su propia existencia. En el extremo opuesto, un exceso de consciencia, una fría lucidez, que echase una cruel luz sobre la falta de alternativas e iluminara el cerrojo que restringe los horizontes sería igualmente destructor. No se puede vivir, so pena de caer en la locura, bajo el imperio de una consciencia que, permanentemente, recordase al espíritu aquello que lo amenaza. El sujeto puede ser sensible a la situación, tener consciencia de la dominación, y protegerse de esta consciencia que, de emerger, amenazaría el equilibrio y la integridad del sujeto.

Todas las estrategias desplegadas por el trabajador, por muy divergentes que sean, apuntan a domesticar una realidad que por todas partes elude, como al control, y al mismo tiempo lo preserva de ser invadido por la dominación. Estas estrategias se inspiran, según los casos, en la resistencia, en la sumisión, en la concesión, o incluso en la oposición. La identificación con aquello que proviene de la dominación (por ejemplo, identificarse y ajustarse a la imagen que se tiene del buen trabajador) no siempre significa sumisión, sino que sustenta aquello que, justamente, se resiste. Al analizar lo que los obreros y las obreras reivindican de aquello que son, el investigador se persuade de que la dominación y los sistemas defensivos no explican sino parcialmente la sumisión, y más parcialmente aún la servidumbre. El sí mismo se altera, es cierto; pero si padece daños, la subjetividad no es definitivamente coaccionada: ella también se despliega. Los modos de la dominación y la defensa no logran aniquilar al sujeto que prosigue y sostiene su propia creación. A este movimiento se dedicará la reflexión en el capítulo siguiente.

4

La parte de lo político

El relato y la representación de sí

A la pregunta de si los sujetos que se constituyen manifiestan la influencia de la dominación o de su resistencia, la respuesta no puede sino ser ambivalente: lo uno y lo otro. Lo uno, lo otro y un poco más, si en la idea de resistencia no solo se considera la actitud defensiva que permite al sujeto protegerse. Pero el sujeto reivindicado no es solo un sujeto que resiste a la dominación, sino que se constituye en contacto con ella por diversas estrategias de defensa que se alían, se completan o se alternan. La reconoce, la discute, la acepta, la utiliza, la ignora, etc. Se crea y se recrea, y se recrea otra vez, abrevando no solamente en la dominación (a la que está unido: existe *este* sujeto que soporta y se defiende de esta dominación), sino en su historia, sus deseos, sus valores, las ideas tomadas del sentido común —y a veces menos común—, las miradas que le devuelven su familia, sus colegas, sus amigos, las percepciones compartidas, o incluso la diversidad de sus roles. Es un ser en movimiento, que participa de su propio devenir.

El sentido común y las ideas compartidas no deben ser, en ningún caso, desestimados, es el buen sentido sin el cual las personas estarían a veces bastante desarmadas. Retomando lo dicho por Hannah Arendt sobre los prejuicios, podría decirse que, en tanto que son "un componente integral de los asuntos humanos entre los que nos movemos todos los días",[76] representan *por eso mismo* algo político y juegan un importante papel en el dominio social. Ideas y juicios no están determinados de una vez y para siempre; no son fijos, rígidos, inamovibles. Suelen ser, sí, compartidos, nutren lo que hay entre-sujetos y dan consistencia al ser-juntos, permiten el surgimiento de lo que es común. Lo que se considera normal y compartido hoy (*las maquilas ya están aquí, hay que adaptarse se quiera o no*) mañana podría parecer algo aberrante (*es inaceptable que las maquilas hagan y deshagan a su antojo y decidan sobre la vida de los trabajadores*). Se trata de un sentido habitualmente compartido, susceptible de cargarse (o deshacerse) de recursos políticos de los que en algún otro momento de la historia parecía haberse alejado. Es en este sentido de donde cada sujeto toma los valores que ha de hacer suyos, y también abrevan allí los relatos que cada uno construye sobre sí y que sostienen la preocupación de reivindicarse.

Pero estas ideas, valores, juicios y creencias (cuyas fronteras son a veces muy difusas) no son tan solo compartidos. Tomados de una fuente común, cada uno se los apropia, los interpreta y los adapta a la propia representación de sí. La exigencia de esas normas que cada uno crea y se impone subordina al sujeto. Pero, al mismo tiempo, ellas contribuyen a modelar originariamente a ese ser en proceso de constituirse y permite reconocer en él algo más que la huella de la dominación. Finalmente, nada de lo que se moviliza para resistir u oponerse al poder existe originariamente fuera del poder; por medio de un perpetuo remodelarse puede inventar cada vez respuestas nuevas. Un ejemplo de ello es el lenguaje que somete pero del que es posible apropiarse para introducir lo inesperado y la ruptura, asumiendo lo que él impone y pervirtiéndolo para poder decirse uno de otro modo. Y los valores, vivientes, son también inventados,

---

76. Arendt, H., *Qu'est-ce que la politique?*, París, Le Seuil, 1995, p. 49 [ed. al.: *Was ist Politik? Ausdem Nachlaß*, Múnich, R. Pipper GMBH & Co. KG; trad. esp.: *¿Qué es la política?*, traducción de Rosa Sala Carbó, Barcelona, Paidós Ibérica, 2009].

creados y sobre todo experimentados en espacios *entre-sujetos,* el espacio compartido y potencialmente indócil, el de la familia y el del barrio, y particularmente el del trabajo que, en este caso, tiene la característica de poner a prueba el equilibrio del sujeto y lo que sustenta sus conductas en el mundo.

Si el poder de la dominación penetra la vida de los trabajadores, es también patente que en el relato que hacen de sí mismos se elabora un sujeto que, reconociendo la dominación, testimonia una preocupación por mostrarse coherente, entero, en cierto modo separado de los meros efectos de la dominación. El riesgo, según algunos autores,[77] consiste en confundir lo político con (o reducirlo a) la dominación. De la dominación a los sujetos de la dominación, se desgrana una infinidad siempre original de posibilidades de ser aptas para producir lo no previsible.

Lo importante en esta instancia es ese ser que está construyéndose. No es posible sino suscribir la idea según la cual es esencial, para poder ser uno mismo y desarrollar las propias potencialidades y el propio poder, no sufrir lo que Haber denominó "el sentimiento de coerción, ni el sentimiento de insinceridad, ni tampoco el sentimiento de inseguridad, etc.".[78] Por lo tanto, de lo que es desposeído el alienado, es del *"poder llegar a ser sí mismo"*.[79] Sin embargo, en el caso estudiado, es justamente a partir de las restricciones que limitan y condicionan a los trabajadores y a las trabajadoras en sus vidas cotidianas donde se busca comprender el desplazamiento que operan los sujetos al ofrecer el relato de ellos mismos y sus experiencias. Pero, si efectivamente esas existencias padecen limitaciones y son configuradas por las tramas del sometimiento, el sujeto invierte la violencia que sufre su existencia en un esfuerzo reiterado de responder al llamado de ser uno mismo. Las mismas defensas que alteran

---

77. Véanse, por ejemplo, Hannah Arendt o Miguel Abensour.
78. Haber, S., *L'aliénation, op. cit.,* p. 334.
79. *Ibid.*

al sujeto en tanto que ser autónomo, puesto que lo fijan en un funcionamiento que le permite aguantar, participan igualmente de la creación de ese *otro* sí mismo que opera para desprenderse de las trabas, cualquiera sea el resultado de sus tentativas. En el momento en que el sujeto es despojado del poder de ser él mismo a favor del desarrollo de su ser-en-el-mundo, en ese preciso momento, contraría la amenaza mediante la creación de sí en tanto que sujeto ideal que él busca, con obstinación, habitar. Las condiciones de alienación no bastan. Ya sea por una exigencia de rechazo o por la simple imposibilidad de vivir con ellas, el sujeto lucha (bien o mal, eficazmente o no) por no ceder totalmente su autonomía, por reconocerse en ese ser él mismo y a despecho de dichas condiciones.

En cierto modo, es posible que esto sea una escena originaria en la que se invoca el relato y la idea de lucha. En lo referido al relato, es mediante el requerimiento de puesta en palabras y la construcción de la narración como se manifiesta la inquietud de ese sí mismo que es presentado, sus defensas y caparazones, y ese ideal subjetivante que los sujetos elaboran cueste lo que cueste. El narrar no juega el papel de momento fundante o iniciador, pero tampoco es mera puesta en palabras, repetición: verborragia. Es creación y recreación originarias, instancia de reconocimiento y legitimación. Instaura, instituye el sujeto en el tiempo presente del relato. El sujeto, interpelado, pone en escena su existencia tironeada entre la implacable dominación y el ideal de sí que persigue y reivindica. Quienquiera sea la persona entrevistada (el obrero o el dominado, el pobre o la madre abandonada), el investigador se encuentra siempre confrontado al sujeto que no se constituye jamás conforme a su expectativa. El mismo fenómeno afecta a la *voz* de la dominación que jamás alcanza a controlar al sujeto interpelado. Se decidió tomar a este sujeto por lo que dice ser, ya que en el momento en que se presenta como tal, él *es* lo que reivindica ser, se configura y se afirma. Se presenta con respecto a ese ideal y a esa promesa de identidad que elabora en su relato.

Del mismo modo, el concepto de lucha se vincula a la de *identidad* o *promesa de identidad;* las condiciones de dominación son muy insuficientes para calificar al sujeto. Por otra parte, no se encuentra ninguna identidad global, convincente, que pudiese ayudar a los investigadores a acercarse a esos sujetos trabajadores. Ninguna unanimidad en la manera de decirse y de definirse. "Obrero/a de la maquila" es la condición compartida, que ha servido para delimitar el objeto de estudio; aunque no aparece como identidad común, compartida y reivindicada en tanto tal, tanto como la de madre, mujer o sindicalista, etc. Todas las pertenencias entretejidas en las historias de vida y las características con las que cada uno se reconoce alternan y se interpelan de una manera siempre original. Por lo tanto, no se hace referencia aquí a una identidad común y reivindicada. Lo que se observa corresponde a otro tipo de aproximación que considera al sujeto en tanto que sujeto en constante *devenir.*

Aunque, en la vida de todos los días, el margen de maniobra del sujeto sea muy reducido, hasta el punto de parecer asido de todas partes, se presenta *tal como se debe,* rechaza la invasión del poder y se empeña en defender lo irreductible de su autonomía. Si el sujeto no puede elegirse porque las circunstancias exteriores lo privan de las condiciones necesarias para este acto, se observa paradógicamente que es por encontrarse despojado de estas mínimas condiciones que la única alternativa a dejarse invadir por las circunstancias consiste en luchar, y el sujeto se compromete sus fuerzas, precisamente para elegirse. El sujeto *también* (o *sobre todo*) se elige cuando las condiciones de dominación se conjugan para impedirle esa elección.[80] Más

---

80. Ello requiere de todos modos que los sujetos estén aun en condiciones de defender una imagen de sí mismos, que sus referencias cotidianas y sus identificaciones, si hubieran podido modificarse, remodelarse, etc., no hayan sido completamente quebradas. La dominación a la que se hace referencia en

que una elección, es una exigencia que corresponde tanto a un modo de defensa como a un trabajo de sí, sobre sí y con respecto al exterior, activo, positivo, inventivo. La subjetividad oprimida, sí, pero hábil y creativa, se activa entonces y siempre para sobrevivir y para desplegarse. No evita los ataques de la dominación —¿cómo podría?—, intenta adaptarse a ellos integrándolos, pero sin desistir de imprimir su propia huella.

Este ideal *desfazado* que el sujeto crea, este ser uno que presenta y representa en su relato, opera como promesa de identidad. El sujeto emerge, se engendra, allí donde la dominación fracasa. Pero en tanto él mismo es obra de la dominación, es también testimonio de su propia derrota, *es* esa derrota. La identidad hacia la que tiende no es ni estable ni definida. Existe aunque no tenga existencia propiamente dicha. En perpetua invención, siempre original, es *promesa*, no existe sino en tanto que representación de la unidad y la realización hacia la que tiende ese sujeto que emerge de la invasión de la dominación, para perpetuarse.

En tono más psicoanalítico que sociológico, podría decirse que la alienación precede a la identidad como lucha por la emancipación.[81] No hay atribución identitaria que pueda definir con precisión a este sujeto, la identidad no puede sino ser —es decir, debe ser— inexacta. Se sitúa en el polo opuesto, del lado de la subjetividad creativa y creadora, que hace de nosotros seres humanos y "que no es —como afirma Castoriadis— la racionalidad sino el surgimiento continuo, incontrolado e incontrolable de nuestra imaginación radical creadora en y por el flujo de las representaciones, de los afectos y de los deseos".[82]

---

este estudio se distingue netamente en este punto de las dominaciones que tienen por *objetivo* destruir la parte humana de los hombres y de las mujeres a los que somete.

81. Dejours, Ch., "Les rapports entre amour et domination", en *Travailler*, núm. 8, 2002, p. 31.

82. Castoriadis, C., *Le monde morcelé*, París, Le Seuil, 1990, p. 144.

Producción de la dominación, producción del sujeto

La dominación hace más que aplicarse e imponerse: crea sentido. Una metáfora que refleja bien esta noción es la de una "arquitectura" o "puesta en forma" de la dominación. No es que sin ella no habría sujetos en creación: serían *otros*, no serían *estos sujetos*. La imagen que cada uno crea de sí mismo depende fuertemente de esta dominación que limita. Así también ese sí mismo engendrado en la dominación dadora de sentido contribuye él mismo a su continua renovación. No hay, de un lado, una dominación que se impone y, del otro, un sujeto que padece: uno y otro participan de su mutua creación, de manera tal que hasta se puede adivinar un cierto apego de los sujetos a la dominación que padecen (su rechazo individual absoluto podría significar la muerte social del sujeto). Es a partir de este *apego* que es posible resignificar la dominación. Esta postura compartida por las obreras podría ser enunciada así: *sí, estoy atrapada por la dominación, pero yo no soy solo eso, eso no es lo único que hay...*

El fenómeno de mutua producción no es exclusivo de la realidad estudiada aquí. Puede hallarse en las instituciones sociales, los códigos y las costumbres, que solo conocen la continuidad que les garantiza la producción reiterada de lo social. Por parte de la dominación, la coacción que impone no es solo restrictiva sino también productiva. Los sujetos que la padecen son también transformados por ella; se crean *con* y *contra* ella. La incluyen y la sobrepasan. Butler sostiene que la producción del poder "excede sus propios fines".[83] Si no fuese así, todo cambio sería impensable, cosa que la historia de la humanidad no deja de desmentir. Sin embargo, cuando la dominación es extrema, el sujeto que, al confrontarla, se crea, no puede homologarse a un sujeto libre. La dominación está en primer término, y luego, las defensas que el sujeto instaura para poder resistir. No obstante, la dominación, al exceder sus propios fines, produce

---

83. Butler, J., *Op. cit.*, p. 45.

lo imprevisible, o lo potencialmente imprevisible. Produce individuos *más o menos* adaptados: esta "variación" introduce tanto la reproducción (adaptación) como la disyunción, incluso la ruptura, con la conformidad previsible.

Parece pues que la emergencia del sujeto es contrarrestada por un conjunto de elementos que hemos evocado aquí y allá en los capítulos precedentes. Son la base sobre la cual se construye el poder de la dominación que infiltra hasta el más mínimo espacio de la vida de los trabajadores de la maquila. Para "aguantar" y conquistar una apariencia de estabilidad, cada uno se crea una protección a partir de la asociación, siempre original, de elementos dispares, compartidos o no, tomados de sus respectivas historias y de su propia percepción, de su entorno, al contacto con los otros. Entre lucidez y negación de la realidad, cada uno se crea un capullo de hábitos donde sentirse seguro, donde contener la parte de incertidumbre.

¿Qué decir, asimismo, de esos desplazamientos de parámetros que clasifican lo que es percibido como "normal" de aquello que no es percibido así? Son fenómenos más poderosos aún por ser compartidos a nivel del grupo social obrero, cuando no por la sociedad en su conjunto. ¿Cómo oponerse a ellos sin colocarse fuera de la comunidad de sus pares? Cuando se vuelve "normal", por necesidad, trabajar más de 12 horas por día, seis días a la semana, lo más "simple", pero sobre todo lo más "tranquilizador" frente a los otros (pero también ante la propia vivencia cotidiana y, finalmente, ante uno mismo), ¿no es adoptar esa percepción para sí o, al menos, no oponerle una lógica que sería percibida como una negación de realidad susceptible de poner en peligro lo que corresponde en parte a una defensa colectivamente compartida? La hipótesis según la cual "la idea de alienación se emplea […] cuando se despierta el sentimiento de que una persona se halla profundamente transformada (en relación […] con lo que podría ser con respecto a una *norma general*)",[84] o que es —esta idea de alienación— capaz de testimoniar la impotencia del individuo para *ajustarse* plenamente a sus tres mundos,[85] puede también, desde la perspectiva de una dominación extrema ligada al trabajo, ser invertida. Lo que podría ser alienante y jugar contra la existencia y el desarrollo de la potencia de los sujetos sería *justamente* el hecho de ajustarse a una norma general, "normalizada". A la inversa, el sujeto que se desprende de la coerción, que es refractario a las tramas de la dominación, se aleja de este esquema, incluso si sigue siendo "dominado", incluso si no es un sujeto "revolucionario" propiamente dicho.

El deseo mismo —en tanto que propiedad humana de dimensiones inclusive sociales, que no es "deseo de" algo o de alguien sino tal vez solamente deseo de "persistir en su ser" (Spinoza)— es un deseo infinitamente explotable,[86] y es explotado tanto por la dominación productora como por el sujeto que *se* produce. Ser "en" la dominación (hay que negociar para sobrevivir); ser "a pesar de" la dominación (hay que negociar para producir un "ser uno mismo").[87] El problema, para la dominación, consistiría entonces menos en someter a los individuos que en someter su voluntad y su deseo (su subjetividad, ella misma productora). Pero eso es precisamente lo que surge con la construcción de los sujetos; ese deseo obstinado de ser. Es la materia y el estorbo de la dominación. Este sujeto, intrínsecamente ambiguo y posible, "es él mismo —nos dice Judith Butler— el sitio de esta ambivalencia; emerge a la vez como el *efecto* de un

---

84. Haber, S., *L'aliénation, Op. cit.,* p. 29 (el destacado es mío).
85. *Ibid.,* p. 236 (el destacado es mío).
86. Butler, J., *Op. cit.,* p. 29.
87. Si estos dos aspectos sustentan la posibilidad de "persistir en su ser", no puede existir "sujeto adaptado", pues, si tal fuese el caso, renunciando a su propia producción "a pesar de" la dominación y en desfasaje con respecto a ella, se condenaría él mismo a no "persistir en su ser", es decir que, de manera simbólica, pero no por ello menos destructiva, ella lo condenaría a muerte.

poder anterior y como la *condición de posibilidad* de una forma radicalmente determinada de acción".[88]

Mientras que la lógica querría que la manera más propicia de llevar una existencia lo más estable y serena posible fuera la de conformarse a las exigencias del sometimiento, vemos precisamente que eso no basta, y que los sujetos no pueden contentarse con estar adaptados; las significaciones compartidas no son eternas, las "injusticias" son percibidas como tales, etc. Si se reflexiona sobre ello, parecería más bien que el "sujeto adaptado" no existe; a lo sumo encontramos seres en conformidad, que han conseguido adaptar su propia producción de sí al entorno en el que se desarrolla su existencia. Es un proceso inestable, que no puede inscribirse en el tiempo: esta "conformidad" es función de una infinidad de elementos que la tornan precaria y altamente alterable. La inquietud de sí y la creación de sí rara vez testimonian conformidad; esta no es más que el resultado visible de un trabajo arduo y frágil de correspondencia.

Mediante el relato, el sujeto impone una razón, una lógica, una creación; crea el sujeto que en ese momento *él es*. No se contenta con afirmar querer ser tal o cual sujeto (el "buen trabajador", por ejemplo), *lo es* y *lo impone,* sin que nada pueda dejar prever si será o no modificado al final. No se "modela" con un fin determinado; impone un desplazamiento, un desfasaje sensible con respecto al lugar asignado y a la situación objetivada por la palabra. Nadie puede decirse completamente explotado. Incluso cuando las circunstancias condenan todo margen de maniobra. El poder de cada uno está allí —o la memoria del poder—, que rehúsa reconocerse completamente desarmado. Esta exigencia tiene su precio, pues puede llevar al sujeto a distorsionar la realidad, a hacer "como si" fuese otra. Se trata de un subterfugio nada desdeñable. Hacer "como si" uno fuese su propio amo, como si uno no estuviese totalmente aplastado, es ya

---

88. *Ibid.,* p. 39.

remodelar su realidad, e inventarse un lugar en el mundo. Aquí, la locución familiar para los niños en los juegos donde ellos se inventan (*como si*) no puede ser verbalizada. Pero ella evoca lo que está al alcance de la imaginación, de una imaginación razonable. No unos actos extraordinarios, sino más bien la "banalidad" seductora de una vida al abrigo de la necesidad y libre de las tramas de la dominación sufrida.

Si estas palabras deben ser calladas, otras pueden ser desveladas. Nos corresponde a nosotros escucharlas, y si no logramos aprehender exactamente su sentido, dejemos un poco de espacio a la duda en la interpretación. Retomemos este tema central de la "ausencia de opción". Desde luego que la afirmación "no tenemos opción" es a priori carente de toda ambigüedad y generalmente se ha acompañado de todos los elementos que sustentan y prueban esa realidad. ¿Esta idea es, no obstante, siempre retomada y repetida de manera idéntica? Si apartamos, como lo hemos hecho, la idea de que el sujeto no sería sino producción y continuidad de la dominación, ¿no podemos suponer que estas palabras pueden ser retomadas, desplazadas, incluso invertidas? El sentido y el rol atribuidos a esta frasecita *hecha* (que sea "hecha" aumenta las posibilidades de hacerle acarrear una diversidad de sentidos) ciertamente no son los mismos para Giovana, por ejemplo, y para Marcia.[89] Por otra parte, el hecho mismo de decir: "No hay opción", *ya es decir que uno puede imaginar opciones*. Si tal no fuese el caso, esta frase no tendría lugar de existir. Ella concede así la posibilidad que ella misma niega.

Cuando Giovana, para presentarse, declara: *soy una mujer, una mujer de carácter... Yo no dependo únicamente de este trabajo, yo puedo hacer otra cosa*, podemos concluir al menos tres cuestiones. La primera es que eso no cambia en nada su dependencia en relación con la maquila, donde podría ser contratada cuando quiera y *hacerse* un salario

---

89. De quienes se ha hablado en la segunda y tercera parte de este libro.

con lo que sea capaz de producir. La segunda es que con su relato ella puede abrir y hace existir una ruptura (o, al menos, un alejamiento) con respecto a la dominación. Por último, que vive, en el momento de narrar, su propia potencia como sujeto que podría no ser captado a través de la dominación, por más intensa que esta sea. Giovana no es un sujeto de la dominación propiamente dicho. Es sujeto en desfasaje; sujeto capaz de volverse *potencialmente* contra esa dominación.

La cuestión de lo político se impone

De la dominación de los sujetos a la producción de sí de los sujetos de la dominación, ¿qué es lo que pasa? ¿Por qué, pues, pese a la capacidad de este dispositivo de dominación para configurarse, para adaptarse, para reabsorber las contradicciones que engendra, subsiste siempre una brecha, tan necesaria para las renovaciones del sujeto como, por consiguiente, para las de la dominación? ¿Qué significa ese "insumiso subjetivo" que se impone al mismo tiempo que triunfa una impresión general de resignación? No hay ni medida fija, ni ecuación establecida, ni descripción, por fina que sea, que pueda caracterizar esta brecha. Y es aquí donde se impone la cuestión de lo político; del carácter político o no político de este insumiso, de este desfasaje en la dominación y del sujeto que se construye. ¿En qué lugar y cómo debemos encararlo?

La pregunta más evidente consistiría en interrogarse sobre el carácter político del sujeto que se crea. ¿Este sujeto es "político" o no es más que "prepolítico", incluso "no político"? ¿Y esta brecha entre dominación y producción de sí es o no es política? Y si no pudiéramos ligar este desfasaje a una voluntad de emancipación, ¿esto condenaría automáticamente su alcance político? Se trata de preguntas espinosas. Si, retomando la cuestión de lo político así planteada, nos contentamos con observar que, finalmente, los trabajadores se dirigen al trabajo y el trabajo se hace, la respuesta más evidente no podría sino poner fin a la reflexión. Sería, familiarmente hablando, "tirar al niño junto con el agua del baño" y darse el lujo de desembarazarse de un tema incómodo. Pero el enigma de lo "insumiso subjetivo", neutralizado por esta ausencia de respuesta en cuanto al poder del sujeto, resiste, sin embargo. No se trata para nosotros de resolverlo (es propiamente *insoluble*), sino de proseguir la reflexión, poniendo esta vez en el centro la cuestión de lo político, a partir del postulado de la *imprevisibilidad*.

Antes de apropiarnos enteramente de este postulado de la imprevisibilidad y de procurar medir su alcance político, nos parece esencial no apartar con el dorso de la mano ciertos riesgos que acechan la producción de sí contra la dominación y el desarrollo de la potencia de los sujetos. Estos riesgos están, también ellos, ligados al carácter imprevisible de esta producción. Le son tan inherentes como los desfasajes que imponen una distancia entre el sujeto y el poder. Lo insumiso también es fruto de la dominación.

El riesgo más inmediato es la consolidación de un círculo vicioso: el sí mismo que se crea se subordina a la alteridad, prospera gracias a este compromiso y no se reproduce sino *en* y *por* esta subordinación. Nadie está a salvo de esta trampa, hay que ceder para existir. Sin embargo, funciona en diferentes regímenes, pudiendo introducir mayor o menor incertidumbre en la producción de sí. En última instancia, el deseo es enteramente captado por el poder que se impone, el sujeto invierte toda su potencia en supervivir *en* y *por* el poder. El desfasaje juega enteramente en favor de la dominación. Incluso puede ocurrir que estos sujetos, más o menos sumisos, más o menos indóciles, que luchan *contra* la dominación para poder existir, acaben luchando *por* ella. Para probarse que sigue siendo el buen trabajador que siempre ha sido, más allá de las circunstancias que le son impuestas, cualquier obrero u obrera trabaja con ardor para sobrepasar los límites de su propia producción, reconciliando lo irreconciliable: una producción desenfrenada y una calidad perfecta. Producir es aumentar el propio salario, pero también puede ser el medio que permita medir su esfuerzo y sus proezas, o matar ese tiempo que secuestra lo esencial de la jornada, para controlarlo. No hay ninguna contradicción en desprenderse de los efectos de la coerción y con ese mismo gesto, simultáneamente, alimentarla. Luchando por "ser", los sujetos refuerzan los engranajes de la dominación, por medio de dos hipótesis que no se excluyen mutuamente: que la dominación tenga también la *necesidad* de la parte irreductible para poder existir y, al no encontrar ninguna resistencia, no podría reproducirse sin interactuar con la subjetividad humana.[90]

La lista de riesgos y de corrientes paralizantes es larga. Puede agregarse, a título de ejemplo, una última. La subjetividad, aun mutilada, sigue siendo fértil e inventiva. Restringida, se reorganiza en otro sitio, aun si tan sólo es en el discurso, o deviniendo en mayor sometimiento. Pero, desde el punto de vista de la política en acción, en un escenario colectivo la lucha de uno solo está destinada a la derrota, y el precio a pagar será alto. Aunque lo contrario tampoco es del todo impensable: el número de los individuos y la diversidad de las reorganizaciones subjetivas serían susceptibles de neutralizar su potencialidad ante la escena política.

---

90. "Tendencia esencial del capitalismo, la reificación nunca puede realizarse integralmente. Si lo hiciera, si el sistema lograra efectivamente transformar a los hombres en cosas [...], se derrumbaría no a largo plazo sino instantáneamente. La lucha de los hombres contra la reificación es, tanto como la reificación misma, necesaria en la condición de funcionamiento del capitalismo. Una fábrica en la cual los obreros fuesen efectivamente simples engranajes de las máquinas que ejecuten ciegamente las órdenes de la dirección se pararía antes de un cuarto de hora. [...] El capitalismo no puede funcionar sino poniendo constantemente en distribución la actividad propiamente *humana* de sus sometidos, a quienes intenta al mismo tiempo reducir y deshumanizar lo más posible. No puede funcionar a menos que su tendencia profunda, que es efectivamente la reificación, no se realice, y a menos que sus normas sean combatidas en su aplicación" (Castoriadis, C., *L'institution imaginaire de la société*, París, Le Seuil, 1975, p. 23 [trad. esp.: *La institución imaginaria de la sociedad*, traducción de Antoni Vicens y Marco-Aurelio Galmarini, Barcelona, Tusquets, 1983]).

Lo político y el postulado de la imprevisibilidad

Si la indagación se limitara a determinar si el sujeto que se constituye en situación de dominación o si el desfasaje que él opone a la dominación son políticos, ciertamente deberíamos considerar la diversidad de definiciones de lo político. Este ejercicio no sería de gran ayuda, puesto que conduce la reflexión a enredarse en la evaluación del carácter político o no político de ese sujeto fijado, establecido, instituido. Pero tanto el sujeto que se crea a sí mismo como la dominación constituyen procesos dinámicos, interdependientes y reiterativos. Tanto uno como el otro están en constante devenir, y la cuestión de lo político no puede abarcar esta condición dinámica fundamental del proceso que se instaura entre la dominación y los sujetos.

El análisis político de las restricciones que la dominación impone debe acompañarse de un análisis político del sujeto, que las soporta y *emerge* contra ellas. Es preciso abandonar la idea de un sujeto ya formado y proseguir el análisis considerando al sujeto siempre inacabado. Corresponde al investigador pensar al sujeto como imponderable de la dominación, como desfasaje, como apertura hacia más sometimiento, hacia una resignificación del sometimiento, hacia una ruptura con el sometimiento. Pero entonces, desde el punto de vista político ¿cómo acreditar la potencialidad de ese sujeto? ¿Cómo interrumpir la demostración racional y hacer lugar al signo de lo imprevisible? Para no condenar la apertura del sujeto al devenir, para dejar una chance a la potencia de la imprevisibilidad, es necesario plantear, afirmar, que el sujeto es *siempre potencialmente político* y analizar lo radical de este postulado.[91] Formular la

---

91. Se sigue en este tema el recorrido de Jacques Rancière, que consiste en indagar cuáles podrían ser los efectos del postulado de la igualdad. Véase en particular Rancière, J., *Le maitre ignorant*, París, Fayard, 1987 [trad. esp.: *El maestro ignorante*, traducción de Núria Estrach, Barcelona, Laertes, 2009]; *Auxbords du politique*, París, La Fabrique, 1990 [trad. esp.: *En los bordes de lo político*, tra-

hipótesis de la imprevisibilidad ya es forzar un cambio de mirada y de perspectiva, es penetrar lo no controlable, y la obligación de considerar políticos a los sujetos obliga a poner en el centro de la atención aquello que relevaría un indeterminable potencial humano.

La dominación que se abate sobre los trabajadores controla la organización de su cotidianeidad e infiltra su existencia, que asigna lugar al dominado, debe recrear incesantemente los parámetros que instituyen y sustentan esta división. La creencia es central para este dispositivo[92] que, a pesar de su potencia, no puede sino ser frágil, puesto que se sostiene en los límites que él mismo crea e impone. "La tiranía jamás puede concluir su obra. Por poderosa que sea, ella se sustenta en una prohibición; prohibición que testifica [el] deseo indestructible de conocimiento y de reconocimiento mutuo", recuerda Lefort.[93] Pero el hombre, el humano, es un animal curioso e insatisfecho, que preferirá optar por discursos rebuscados y contradictorios antes que vivir reconociéndose (objetivándose) totalmente dominado y alienado. Al inventarse, amenaza y renueva la dominación. El sujeto político es su materia y su grieta; a la vez impacta en la división dominante-dominado; división que no tiene nada de "hecho bruto que reduciría al silencio, pues —como muy a propósito se interroga Lefort— *¿cómo lo aprehenderíamos si estuviéramos fijados en uno de sus términos, en el lugar del amo o en el del esclavo*— [...]?".[94] Se trata en efecto de un enigma, pero no de los enigmas que deben ser

---

ducción de Alejandro Madrid, Buenos Aires, Ediciones la Cebra, 2007]; y *La mésentente*, París, Galilée, 1995 [trad. esp.: *El desacuerdo*, traducción de Horacio Pons, Buenos Aires, Nueva Visión, 1998].

92. Véase la tercera parte.

93. Lefort, Cl., "Le nom d'un", en de La Boétie, E., *Discours de la servitude volontaire, op. cit.*, p. 308.

94. *Ibid.*, p. 282 (el destacado es mío): "Sobreviene —prosigue este autor— en la prueba del deseo y del lenguaje".

resueltos sino –al contrario-, de aquellos que deben hallar el medio para perpetuarse.

El sujeto que se construye a sí mismo en situación de dominación, por medio del relato lucha por imponer por encima de los condicionamientos que lo organizan, es un sujeto que, *puesto que es,* da testimonio del trabajo de perpetuación de la dominación *y de sus límites.* Durante el tiempo de la enunciación del relato, tiempo de ruptura y toma de distancia respecto de sí mismo y de su vida cotidiana, el sujeto renegocia su ser en el mundo. En los relatos de las dominaciones y de las servidumbres, el sujeto afirma un pensamiento y una palabra autónomos y propios de una "independencia intelectual". No importa aquí que esta independencia sea real, esté afianzada o que su potencialidad se proyecte jugando, como un gesto de orgullo o por instinto de preservación. El relato es inventivo, dinámico y da cuenta de una cierta libertad allí donde la dominación es implacable. El problema no es que esta deje "campanas de aire" (que efectivamente existen), sino que la libertad o una cierta subversión de la dominación o la perseverancia y constitución de sí tengan lugar allí mismo donde la dominación actúa, *porque* ella se aplica. Postular el sujeto político, postular la figura de la imprevisibilidad, justamente cuando el sujeto y la dominación están íntimamente ligados, es postular el porvenir impredecible de su producción y reproducción mutuas. El flanco político de la dominación no está únicamente constituido por su potencia y su capacidad de disponer el mundo e imponer sus reglas, sino también porque el sujeto no la reconoce sino inexactamente, el sujeto político acepta la dominación desviándose de ella y oponiéndole su apertura hacia lo incierto. Este *exterior* a la dominación solo es controlado *imperfectamente* por ella. Dicho de otro modo, el carácter político de la dominación proviene de su propio fracaso (el sujeto) y del esfuerzo constante que debe realizar para superarlo. Lo político es su potencia y sobre todo su intrínseca y singular fragilidad.

Este sujeto *potencialmente político*, grieta de la dominación, debe eventualmente distinguirse del sujeto que sería *político*. El primero supone la apertura a lo imprevisto, mientras que el segundo ocasiona una interrupción manifiesta del orden dominante. El primero está potencialmente abierto al segundo: en eso, sería difícil negarle un carácter político. "Aunque estemos atrapados por esta situación, no podrá con nosotros", parecerían decir los trabajadores.[95] La mirada del investigador se ha desplazado del "sujeto dominado" a un ser *potencialmente político* en tanto que "sujeto político" (sujeto individual o sujeto colectivo), a aquel que consigue imponerse, consigue tornarse visible en un escenario compartido. Se trata de ese ser político, esa palabra o ese acto capaz de abrir el campo a la imposición de su autonomía, de su voz, a la acción, a la reivindicación de una pertenencia a un escenario común. Así, ese sujeto potencialmente subversivo en el nivel colectivo/público puede ser político en tanto que interrumpe el orden establecido. Desde este punto de vista, el sujeto que describimos, que pone en cuestión las identidades y las potencias que procuran determinarlo, que es por definición imprevisible, es sujeto político *en potencia,* pero no únicamente hacia su devenir, sino que es igualmente potencia en el presente.

---

95. Esta interpretación nace justamente de la brecha, de la incompatibilidad incluso, que encontramos en los relatos entre las numerosas coerciones ligadas a la situación de trabajo y la dominación sentida, por una parte, y la reivindicación como sujeto que se "desprende" de la dominación y se afirma a pesar de ella, por otra. Hemos visto ejemplos de ello en los capítulos precedentes. Aunque esta interpretación provenga de un análisis profundizado de las posturas y de los relatos tomados *in extenso,* podemos ilustrar muy rápidamente dicha postura con estas dos frases de Yolanda: "Yo le dije: 'Mama, ya no quiero regresar a esa zona franca'. Pero ni modo, no hay otro palo donde ahorcarme, entonces mientras me llaman de ese otro lugar yo voy a estar ahí". Y, poco tiempo después, cuando me pone al tanto de sus capacidades y de sus anhelos: "No puedo decir que yo solo sé trabajar de operaria, puedo trabajar en otra clase de empleo. No dependo solamente de las maquiladoras para ganarme la vida. Gracias a Dios toda la vida me ha gustado aprender cosas nuevas".

Plantear la cuestión de lo político es plantear la difícil pregunta por la libertad, tema marcado por la complejidad y la ambivalencia, y aunque ya se lo ha considerado más arriba en este mismo libro, es momento de recuperar dos perspectivas que han sido defendidas en un momento u otro de este análisis. La primera, vinculada a las defensas de las que los sujetos se apropian para resistir; la segunda, recuperando al *sujeto de la imprevisibilidad,* el sujeto político o potencialmente político.

Si nos situamos desde el punto de vista de las dominaciones siempre poderosas que parecen no debilitarse jamás, es el sujeto coaccionado a invertir su libertad en la resistencia[96] el que se encuentra en el centro del análisis. La libertad, a menos que se la reduzca a su mínima expresión, no puede ser asimilada a una acción defensiva que hace emerger no un sujeto "libre" sino un sujeto susceptible de no ser aniquilado por sus condiciones de existencia. Este sujeto que emerge se impone como el sí mismo capaz de sostener y prolongar su existencia aprendiendo a preservarla de los efectos destructores del sufrimiento.

Dentro de esta perspectiva, las ideas de libertad y de "resistencia" (a partir de estrategias defensiva) son incompatibles. Si la libertad es libertad de elegir, la dominación y la necesidad, sobre las cuales se construye esta defensa, no le dejan ninguna otra salida que una elección restringida con mayor o menor docilidad, conformidad, reconocimiento. Triste salida. Y eso no es todo, pues la idea de libertad conlleva —por definición, en cierto modo— la de liberación; liberación respecto de una instancia que en otra podría conllevar una mayor sumisión.

La construcción de sí puede asimilarse a una forma de liberación con respecto a la sumisión, y traducirse no en una liberación sino en un desplazamiento de la sumisión. La constitución de sí no sería aquí sinónimo de libertad o

---

96. Dejours, Ch., *Op. cit.,* p. 51

de liberación, aunque pueda ser percibida como tal (para el sujeto, *debe* ser percibida como dando cuenta de sí, para ser). Es necesario que el sujeto controle una cierta coherencia de sí mismo frente a la realidad. Si la producción propia apareciese a los ojos de su protagonista como evidenciando algo exterior a sí mismo, la idea de control pierde todo su sentido y ya no queda más que abandonarse a las potencias exteriores. El mantenimiento de este equilibrio de sí es esencial para la propia protección.

Consideremos el ejemplo de las obreras que se constituyen a partir del darse a sí mismas, y constituyen su manera de ser y de percibir los espacios sociales de modo que les ofrezca *estatuto* y una visión *a medida* de sí mismas y del mundo. Tal es la figura de Frani, testigo de Jehová liberada de su pasado y de sus faltas. También Giovana, miembro fiel de una asociación de mujeres, igualmente liberada, y que se consagra en cuerpo y alma a su actividad de militante de los derechos de las mujeres; y Clara, que se complace en percibirse como la esposa sometida y obediente a su esposo, como el ama de casa perfecta. Son situaciones en las que el don o la entrega de sí mismas son flagrantes y estructuran enteramente la *inquietud de sí*. Frani, por ejemplo, refiere aquello que reivindica como su liberación y que le permite constituirse en sí misma *como si* su elección la liberara de la sumisión a las restricciones. Frani puede repensarse no a partir de la liberación sino, al contrario, de su sumisión a la religión, y da cuenta de que la liberación es imposible sin sumisión. La libertad no sería entonces más que el movimiento que los seres humanos ponen en acción para sustraerse a una dominación franca, y aquello que les proporcionaría el medio para soportar, para vivir, para ser sometidos pero sin dejar de ser ellos mismos. En tanto la dominación simplemente continúa imponiéndose sin ser afectada por estas diferentes posturas, nunca se la cuestiona de manera frontal. Una vez que el sujeto reconstruido halla su lugar en el tablero que ha ayudado a diseñar, la dominación puede parecer menos violenta y el espíritu es, en cierto modo, liberado para atender otras preocupaciones.

¿Basta esto para enterrar la idea de libertad? Debería al menos ser puesto en duda. Al desplazar el ángulo de nuestra perspectiva y captar al sujeto bajo otra luz, la idea de libertad despunta nuevamente con insistencia. Ya no asociada a la elección, tan delgada, tan restringida, que no es sino aquella que la dominación procura. Ya no ratifica la división desigual; la libertad no es asimilada aquí a la posibilidad de elegir o al libre arbitrio. Se aloja en la grieta siempre factible; la libertad *es* el carácter de potencialidad del sujeto en tanto que ser inacabado, incompleto. La libertad no proviene de la dominación sino del sujeto que emerge, de un sujeto políticamente intempestivo.

El sujeto en constitución no es una quimera. Se afirma con respecto al ideal que encarna, en lucha por no ceder a la presión del sometimiento. Lucha y se defiende, pero esta energía no es invertida por entero en la resistencia. Y aunque lo fuera, nada podría impedir que una falla, una ruptura, una imperfección surgiese en esta mecánica aparentemente bien aceitada. La resistencia juega, la subjetividad se despliega, y los sujetos imponen una definición de ellos mismos donde inscribir una ruptura respecto de las coerciones que experimentan en cualquiera de sus experiencias sociales, pero más centralmente a partir de las condiciones que les impone su incorporación al trabajo. Este sujeto puede responder a la dominación, reproducirla, reforzarla, pero, en la constitución de sí y su puesta en relato, vemos que toma distancia, que la calibra, que la excede. Ella lo controla, sí, pero no del todo. Procura adaptarse, hacerse un lugar, sin dejar de mantener la coherencia de sí y una imagen positiva de su propio ser-ahí, ideal que consigue encarnarse, de tiempo en tiempo, en la palabra. La dominación se reproduce, se renueva, condicionando a los sujetos que, justamente, en tanto que existe en ellos una parte in-alienable, amenazan con no responder más. Porque ya escapan, *potencialmente,* a dicha dominación. Contra esta amenaza de irrupción, contra su imprevisibilidad, la dominación debe continuar generándose, no puede cesar. Si el trabajo permanente que se toman la dominación y el sujeto, y que asienta y consolida la arquitectura de la dominación, encuentra su fuerza en la repetición y las creencia que crea, al mismo tiempo es, por definición, inestable, vulnerable.

Sería absurdo contraponer la fuerza de la dominación que se abate sobre los sujetos a un estado de libertad absoluta, o una naturaleza libre que resurgiera una vez superada la dominación. La libertad que se devela aquí no acompaña el ser del sujeto, no le pertenece, no le es propia; aparece en el desfasaje en tanto es un surgir en otro lugar que no es el suyo. Esta posibilidad de apartarse forma parte intrínsecamente de su propia producción de sujeto. Esa es una de las paradojas de esta libertad: no le pertenece como una cosa, sino que está por entero en la propia *potencialidad* del sí mismo. Se arrebuja en ese potencial del que el sujeto puede hacer experiencia cada vez que se objetiva en el ideal de sí. Se aloja entre la negación y la afirmación de sí; entre la deserción del lugar asignado y la identidad buscada; entre el rechazo de las determinaciones y la imposición de su propio lugar en el mundo. La libertad surge e interrumpe la trama de las relaciones impuestas. En ese momento, está plena y entera en la constitución o la irrupción del sujeto al margen o en contra de la dominación; es la "potencia cuyo efecto conviene verificar".[97]

No caben dudas de que la libertad es en gran medida reinvertida en la resistencia, y, dada la potencia y lo abarcativo de la dominación, el apremio de la necesidad y la carencia de apoyos de la independencia, es difícil no admitir la potencia de tales construcciones defensivas. Pero entre la dominación y el sujeto surge un desfasaje que opone lo insumiso a la coerción. Si efectivamente tal desfasaje se encuentra en gran medida al servicio de aquello que protege

---

97. Rancière, J., *Aux bords du politique, op. cit.*, p. 93.

y perpetúa a la dominación, no puede empero estar bajo su control absoluto. Basta con no condenar la apertura del sujeto que busca reconocerse y afirmarse al producirse y al reproducir esta brecha. Esta grieta, a la que podríamos dar el nombre de *clínamen*,[98] es el potencial de imprevisibilidad del *sujeto potencialmente político* que experimenta su propia potencia.

Como sostiene Arendt, este sujeto de lo imprevisible, de la apertura, de lo incierto, este sujeto en devenir no es ajeno al "milagro de la libertad [que] consiste en ese poder-comenzar, el cual a su vez consiste en el hecho de que cada hombre […] es en sí mismo un nuevo comienzo".[99] En el juego de negación y afirmación del que emerge el sujeto apartándose de su lugar, resurge una doble interpelación discordante: La poderosa, de la dominación que ordena la dependencia, y la igualmente poderosa, del ideal de identidad que el sujeto —objetivándose en el relato— busca consolidar como idea pero también como existencia. Entre interpelación y reconocimiento de sí, recuerda Butler, hay siempre una inexactitud. Esta vive en el origen de la creación de un sujeto potencialmente político que se renueva al renovar su propia indeterminación.

Plantear que el sujeto es político o potencialmente político es hacerlo existir como tal a pesar de la violencia de todas las coerciones. Pero la subjetividad se rebela. La hipótesis de sujetos políticos surge como respuesta lógica cuando los sujetos que se revelan manifiestan su negativa a entregarse, atados de pies y manos, a la dominación. Ella verifica este desfasaje, esta ecuación siempre imprecisa. Ella no es ilusoria, hasta tal punto la libertad, la potencia y la imprevisibilidad que es el sujeto en devenir integran las

---

98. En la física epicúrea, una ligera declinación —indeterminada y aleatoria— de los átomos en su caída que les permite entrechocarse y "romper las leyes de la fatalidad" (Lucrecio). Desviación sin la cual nada en la naturaleza habría existido y que libera el presente del pasado y abre hacia el porvenir.

99. Arendt, H., *Qu'est-ce que la politique?, op. cit.,* p. 70.

relaciones de dominación y marcan límites infranqueables. No hay dominación que agote los recursos humanos, no hay restricción que logre inmovilizar la vitalidad creadora del sujeto, no hay sometimiento que condene por siempre el surgimiento del disenso y del milagro de la libertad. "No es que creamos en los milagros, sino porque los hombres, en tanto puedan actuar, son capaces de realizar y realizan constantemente, lo sepan o no, lo improbable y lo imprevisible."[100]

---

100. *Ibid.*, p. 72.

Conclusión

En mi memoria se destaca el rostro de Corina, y su gesto decidido que no logra opacar el encanto de una juventud despreocupada. A los 21 años, cuando acepta participar en una entrevista, carga con su trabajo en la maquila como con un fardo, un error en una trayectoria que prometía un futuro más seductor. Del trabajo habla muy poco; en realidad sí habla de él, pero a través del lugar que ha encontrado allí, el de la buena compañera y sindicalista íntegra, leal y combativa. Un día, frente a la oportunidad tan inesperada como excepcional de retomar sus estudios de derecho en una pequeña universidad privada, abandonó sin vacilar tanto la maquila como el sindicato. Pero dos años más de formación académica no fueron suficiente y Corina no consiguió empleo. ¿Volver a la zona franca? Sin duda que no. Un despecho amoroso reafirmó entonces la tímida idea que venía germinando en un rincón de su cabeza. Dejará a su pequeña hija y su hijito recién nacido al cuidado de su familia. Está decidido, partirá. Una mañana de octubre de 2008, encontré en mi correo electrónico una carta de Corina. Reconozco su relato nervioso, el ritmo precipitado y convincente de sus frases, como si con su prisa pudiera retener la corriente de los acontecimientos. Corina ha llegado a España. Está buscando trabajo.

Han pasado algunos años; el gobierno, con el exdirigente sandinista Daniel Ortega a la cabeza, ha cambiado de bandera. El país soporta los efectos devastadores de la actual crisis mundial. Sin embargo, nada parece inclinar seriamente la orientación económica que ha tomado Nicaragua, ni modificar el lugar que en el sistema mundo le ha sido concedido en el reparto del trabajo y las riquezas. Sin prejuzgar sobre lo que traerá el futuro, a través del trabajo en las maquiladoras textiles de Nicaragua y del relato de los obreros y las obreras se ha intentado abordar la temática de las relaciones entre sujeto y dominación.

Las particularidades de este campo de investigación, su distancia respecto de la realidad más cercana y familiar que viven los investigadores franceses y de los países desarrollados en general, no han sido obstáculo. La distancia ha ofrecido, en cambio, la posibilidad de abordar el objeto de investigación desde una perspectiva diferente y significativa. ¿Por qué? En primer lugar porque, a pesar de su particularidad sociohistórica, el caso de Nicaragua no tiene nada de epifenómeno exclusivo. No es imposible, en efecto, relevar rasgos comunes entre la situación de incorporación al trabajo a través de las maquilas nicaragüenses y numerosas otras formas de empleo y de dominación de hombres y de mujeres tanto en el norte como en el sur. A la manera de un ideal-tipo, cuando la dominación penetra cada espacio de la existencia, ofrece un ejemplo en bruto que permite confrontar situaciones divergentes. Este análisis de una situación extrema no solamente puede contribuir al estudio de realidades en principio muy distintas de aquellas que nos resultan más familiares, sino que también podrían generar en los cientistas sociales actitudes de vigilancia sobre las realidades laborales en sus propios contextos. En Nicaragua, las reformas neoliberales fueron impuestas sin miramientos. Mientras el rol del Estado se fue reduciendo como piel de zapa, la población se convirtió en reserva de mano de obra para empresas cuyo interés central consistía en reducir los costos de producción y encontrar una legislación benévola y comprensiva. Los empleos creados no tuvieron necesidad de inscribirse en la informalidad, que es una realidad endémica en América Latina. Las maquilas, por el contrario, ofrecen empleos formales cuya legalidad contribuye a reforzar su legitimidad. Esta característica es también un señuelo, porque los contratos y las condiciones no garantizan la estabilidad laboral ni las prestaciones sociales que protegen a los trabajadores. A estas características debe agregarse que la formalidad del empleo no se ha instituido ninguna clase de control de la relación asimétrica de subordinación que acompaña la firma de un contrato; este solo existe y es de duración indeterminada. ¿Qué necesidad de fijar un término que, sea cual sea, nunca estará demasiado lejos?

De una manera absolutamente legal, estos trabajos *formales* devienen en situaciones de gran precariedad, que son la realidad cotidiana del trabajador. Individualizado, utilizado según las necesidades de la producción, el obrero queda convertido en prestador de sus servicios, gestor de lo que produce, de su salario y de su propia aptitud para resistir la fatiga, las presiones y las vejaciones. La idea de que *no hay otra opción que la que se impone,* el miedo al desempleo y a sus consecuencias sobre la supervivencia de la familia, los mecanismos de individualización profunda de los trabajadores, la inestabilidad del empleo y la angustia ante la incertidumbre de un futuro próximo son otros tantos elementos cuya aparición reciente testimonia conmociones mayores, no solamente del mundo del trabajo en sí, sino también de aquellos que la actividad moviliza. Desde el rol del Estado, los gobiernos se suceden, los discursos se renuevan sin alterar el funcionamiento tranquilo y seguro de estas fábricas. El mundo del trabajo puede actuar por contrastes, dando testimonio de conmociones en tiempos de estabilidad o demostrando, a la inversa, la imposición de continuidades a pesar de las ardientes promesas de transformación proclamadas por cualquier representante del Estado.

Categorizado como "país pobre muy endeudado" por el Fondo Monetario Internacional (FMI) y el Banco Mundial, Nicaragua vive una débil modernización socioeconómica que, conjugada con un fuerte empleo de la mano de obra disponible por parte de la industria, reactivará su desarrollo. En estos últimos años, han hecho su aparición ultramodernos *call-centers* que se benefician también del régimen de las zonas francas. La incorporación al trabajo por las maquilas no tiene nada de anacrónico. Es el testimonio de una forma de modernidad socioeconómica directamente ligada a las necesidades del desarrollo capitalista en su fase más reciente. En el caso que se analiza aquí, estas condiciones generales se traducen en un sistema de empleo de la mano de obra que tiende a fragmentar todo dispositivo de organización o protesta colectiva y somete a los trabajadores, en términos individuales, a realidades laborales muy duras además de que los diferentes ámbitos de sus vidas se encuentran organizados e instrumentalizados al servicio de la producción. Individualización excesiva del trabajador y dependencia profunda con respecto al trabajo van a la par. Basta analizar el aislamiento de los trabajadores en el seno de la fábrica, las relaciones efímeras entre pares o aquellas pragmáticas y cautelosas con los superiores jerárquicos, las dificultades que constriñen el desarrollo de las relaciones amorosas, y la organización del núcleo familiar en función de las necesidades del empleo.

En lo que concierne a las transformaciones del trabajo, el caso estudiado —aun en su singularidad— permite abordar dimensiones que remiten a la dinámica propia de la subjetividad y de la dominación. A pesar de que los sujetos están claramente invadidos por la cuestión laboral, no aparecen quebrados. En el relato que ofrecen de sí mismos, oponen a las dificultades propias de su entorno, la coherencia discursiva (real o ficticia) de las experiencias relatadas, lo que pone de manifiesto su porción de influencia sobre la realidad.

En el curso de esta investigación, el investigador queda confrontado al complejo entramado entre la dominación ejercida sobre los sujetos a partir de la incorporación al trabajo en la maquila y las posibilidades que este tiene de construirse a nivel subjetivo. En esa coyuntura, ¿cómo podría no sentirse sobrecogido por el desfasaje casi ínfimo pero determinante que el sujeto de la enunciación opone a la dominación con el relato subjetivo? Sumirse en lo más íntimo de esta relación, para poder captar la porción de indocilidad que una y otra vez renueva tanto el poder de la dominación como la vitalidad del sujeto que constantemente busca apartarse y abrirse a la discordancia y la imprevisibilidad, tal es el camino recorrido. En principio, ha sido preciso discernir, las múltiples facetas de la dominación ligadas a la situación de trabajo y cuyo poder, lejos de ejercerse exclusivamente dentro de los muros de la fábrica, coloniza poco a poco franjas enteras de la esfera de lo privado. Entre esas facetas, cada una con su propia característica pero todas interactuando, se pueden mencionar las siguientes: la disposición de los espacios (corredores enrejados de entrada a las fábricas, zona franca cercada, emplazamiento de los puestos de trabajo, etc.), condiciones de trabajo (temperatura, ruido, etc.), mecanismos de control, humillaciones diversas, ataques a los derechos de los trabajadores, arbitrariedad de los jefes, fluctuaciones del salario y de los horarios. En síntesis, podría afirmarse la identificación de tres elementos esenciales sobre los que se sustenta la arquitectura de la dominación y su potencia para impregnar la vida cotidiana de la población obrera: la idea de *ausencia de opciones,* la *inestabilidad* de la situación de trabajo y de vida, y la *necesidad* de vivir, uno mismo y los suyos, a pesar la inseguridad permanente. Contrariamente a lo que ha podido observarse en otros terrenos,[101] las formas y manifestaciones de la dominación por el trabajo y por el empleo son diversas y a veces complementarias. En el caso estudiado parecería que el control *directo* sobre los cuerpos, los gestos y las actividades "fuera del trabajo" no es un elemento esencial. El miedo —no súbito sino en sordina y persistente— es un poderoso aliado de la dominación, en tanto exacerba la fragilización de los sujetos y su condicionamiento (dentro y fuera del trabajo) por la inseguridad y la incertidumbre que generan y limitan su existencia, sus percepciones y su subjetividad.

Pero concentrar toda la atención en la dominación no basta. Pues no hay dominación que sea uniformemente

---

101. Véase, por ejemplo, Hirata, H. y Sugita, K., "Politique paternaliste et division sexuelle du travail: le cas de l'industrie japonaise", en *Le Mouvement Social,* núm. 144, 1988.

vivida, ni sujeto único y universal, ni servidumbre mono-lítica, entera y definitiva. La complejidad de las relaciones entre las tramas de la dominación y los sujetos que se defienden de ellas es una de las características mejor compartidas. Otra de estas características está contenida por entero en la imposibilidad de una adecuación perfecta entre las exigencias de la dominación y la producción subjetiva. Sin estos hiatos, si los sujetos dominados fueran solo réplicas de la dominación secretadas por este poder, no existirían ni el problema ni el trabajo mismo.

Incluso sometido y prisionero de las coerciones exteriores, cada uno busca, a su manera, desprenderse del imperio de la dominación y mantener una coherencia de sí a través del discurso. Este esfuerzo por sostener aunque sea precariamente la coherencia y el control no logra ocultar las numerosas grietas y contradicciones, pero a través de ellas el sujeto puede manifestarse, e incluso imponer, una porción de autonomía, de separación —aunque mínima— respecto de la dominación. Ya sea por la lucidez, por la negación o, de modo más general, por una compleja dosificación de lo uno y lo otro, este sujeto asume su parte en la relación de dominación y el hecho de no poder escapar de ella, para construirse *con* y *contra* ella, desprendiéndose y preservándose a la vez. No puede entregarse por completo: la ecuación *dominación-sujeto de la dominación* no es adecuada. Porque aunque no todos los obreros luchan contra la dominación, ni mucho menos, no es posible la existencia de un *sujeto de la dominación* propiamente dicho; ya que solo hay sujeto en las ínfimas rupturas con aquello que amenaza negarlo. La dominación que se produce y se reorganiza responde a un sujeto que, a su vez, se constituye y se reconstituye, renovando al mismo tiempo esa grieta en la dominación. Ocasionalmente el sujeto emerge del desfasaje, sujeto en potencia, en tensión hacia un sí mismo que reivindica, hacia su propia indeterminación.

En la ambigüedad de esta relación, cuando el sujeto toma la palabra, denunciando o reconociendo la dominación, se constituye *al margen de,* incluso *contra* ella, a pesar de que no puede constituirse sino reconociéndola y respondiendo a sus exigencias; es decir, *con* ella. El sujeto es consiente *porque esa es la realidad, porque no hay opción,* pero el relato que construye de sí es un discurso sin complacencia: "ser uno" es también rehusar ese consentimiento y testimoniar la inquietud de imponerse, de desprenderse y de existir fuera de los estigmas de la dominación. Este sujeto "en desfasaje", no es otro que la grieta de la dominación, su parte imprevisible, su talón de Aquiles.

Finalmente se mantuvo prudente lejanía tanto de la dominación absoluta como de sujetos organizados dispuestos a "pasar a la acción". Queda un espacio *entre-ambos,* una zona intermedia en la que el sujeto dominado no corresponde del todo a las exigencias de la dominación. Su devenir es desconocido. Su respuesta subjetiva a la dominación se inscribe en el horizonte de la imprevisibilidad. No hay ni porvenir que pueda ser predicho, ni movimiento histórico predeterminado, ni acciones humanas que puedan anticiparse. El sujeto también es apertura, indeterminación, potencialidad.

Esta tirada de 100 ejemplares se terminó de imprimir en octubre de 2014 en Imprenta Dorrego, Dorrego 1102, CABA